中学校社会サポートBOOKS

見方・考え方を鍛える！学びを深める 中学 公民 授業ネタ50

梶谷真弘 編著

　社会が大きく変化していく昨今，授業に求められるものも変わってきています。例えば，インターネットやSNS，AIなどの普及により，何かを知っているだけではほとんど意味がない状況になっています。また，様々な面で多様性が認められはじめ，学びの多様性も重視されるようになってきました。さらに，ICT環境が整えられ，授業でも多く用いられるようになりました。

　このように，様々なことが変化している中で，我々の授業もアップデートが求められています。ICTを駆使し，何かを「知る」だけでなく，多様な学びを認めながら，他者との協働を通して理解し，それを活用し，発信していく授業が求められています。

　しかし，様々な変化はありますが，授業に求められる本質は変わりません。例えば，次のようなことです。

1　授業に求められる本質

①学びたくなる　〈学びの入り口の保障〉

　どれだけ学問的に優れた内容でも，子どもに必要な内容でも，子どもが「学びたい」，「学ぼう」と思わなければ，学びは成立しません。子どもが「学びたい」と思うような「しかけ」を用意し，子どもを「学びの入り口」へ誘います。

②全員が参加できる　〈学びの平等性の保障〉

　一部の子どもにしかわからないことや答えられない問いや活動は，子どもの学力差を増加させ，わからない子の学ぶ権利を保障していません。学力を必要としない問いや活動から授業を組み立てることで，全員が授業に参

加できるようにして，学びの平等性を保障します。

③力をつける 〈学びの出口の保障〉

子どもが「学びたい」と思い，全員が参加できる授業でも，力がつかなければ意味がありません。授業者がねらいを持ち，授業のゴールを意識することで，学びの出口を保障します。

2 本書の特徴

①すぐ使える授業ネタが盛りだくさん

本書は，授業ですぐに使える授業ネタを50載せています。ほぼすべての単元を網羅していますので，必要なところからご活用ください。

②単なるおもしろネタではなく，力をつけるネタを厳選

「学びたくなる」のはもちろん，力をつけるネタを厳選しています。内容がわかるためのネタだけでなく，学びが深まるネタ，見方・考え方を鍛えて活用するためのネタなど，多様なネタを用意しました。

③授業のアップデートに役立つネタ満載

教師がクイズ形式で紹介するようなネタにとどまらず，探究するためのネタや，課題を解決するネタ，発信するネタなどが満載です。本書のネタを参考にし，実践していただくことで，授業のアップデートにつながります。

本書では，1章でネタを用いた授業のポイントを解説し，2章以降で授業ネタを紹介しています。必要なところから読んでいただき，ご活用ください。日々の授業に苦心される方の一助となれば幸いです。

（梶谷　真弘）

はじめに　002

子どもが熱中する「中学公民」
教材研究と授業ネタ開発　成功のポイント

1　ネタを用いた授業デザイン ……………………………………………010
2　ネタを用いると授業がこう変わる！ …………………………………012
3　授業ネタの良し悪し ……………………………………………………014
4　学びのデザイン …………………………………………………………016
　コラム①　授業ネタの分類 ……………………………………………018

見方・考え方を鍛える！
学びを深める「現代社会」授業ネタ

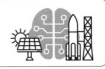

1　大阪・関西万博から見える日本の未来社会 …………………………020
2　生成AIは学校で利用可能か？ …………………………………………022
3　内なる国際化　―多文化共生に向けて― ……………………………024
4　「母になるなら流山市」「高齢者にも優しいまちづくり大東市」……026
5　「食」から現代社会を捉えよう ………………………………………028

4

6	東北三大祭りの共通点を探せ!	030
7	『崖の上のポニョ』の聖地を題材とした授業開き	032
8	ひょうたん島問題を効率と公正の視点で解決せよ!	034
9	現代社会を捉えるメガネ —きまりやしくみを見る目を養おう—	036
10	校則変更を校長先生や生徒指導部に提案しよう!	038
	コラム② 「わかるネタ」のポイント	040

Chapter 3

見方・考え方を鍛える！学びを深める「政治」授業ネタ

1	ランチのお店を決めよう	042
2	『檻の中のライオン』から考える民主主義と人権	044
3	日本国憲法はいかにして制定されたか	046
4	「見えない障がい」って何？（平等権）	048
5	トランスジェンダー選手の競技参加論争を分析しよう	050
6	「東大女子」の不遇とは？	052
7	映画・小説から考えるハンセン病患者への差別	054
8	差別防止委員会 —マイクロアグレッションを打ち破れ！—	056
9	ストライキをしたメジャー球団がある？（社会権）	058
10	映画『THE WAVE ウェイブ』と民主主義	060
11	VS ChatGPT！　—フェイクニュースを撃退せよ！—	062
12	国会ゲーミング・シミュレーション	064
13	司法制度改革　—イメージマップで問題点と対策を整理しよう—	066
14	町長に意見文を送ろう！	068

15 「令和の大合併」はある？ない？
　　トゥールミンモデルで意見表明！ ……………………………………………070
　コラム③　「深めるネタ」のポイント ……………………………………072

Chapter 4

見方・考え方を鍛える！ 学びを深める「経済」授業ネタ

1	モノの価格ってどう決まる？ …………………………………………074
2	スタバとファミマから考える流通 ……………………………………076
3	消費者被害と政府の取り組み ―こんにゃくゼリー裁判― ………078
4	資産運用をシミュレーション！ ………………………………………080
5	電卓から考える独占と寡占 ……………………………………………082
6	物々交換ゲームで貨幣と金融の役割を学ぶ …………………………084
7	バラエティあふれる○○休暇 …………………………………………086
8	令和版「労働十権」を考えてみよう …………………………………088
9	ジョブ型雇用は日本人を幸せにするのだろうか？ …………………090
10	江戸商人の家訓とCSR（企業の社会的責任） ………………………092
11	うちの町のコミュニティバス，どうする？ …………………………094
12	人生サバイバル！ ―社会保障と民間保険― ………………………096
13	大阪・関西万博の費用は，だれが負担する？ ………………………098
14	借金1000兆円以上!? 日本は財政出動，金融緩和は続けるべき？ ………………………100
15	「ナッジ」で校内の課題を解決しよう！ ……………………………102

　コラム④　「活用ネタ」のポイント …………………………………………104

見方・考え方を鍛える！
学びを深める「国際」授業ネタ

1	戦争の原因を分類しよう！	106
2	国際連合の機関，どれがいちばん大切だろう？	108
3	学びを深める！修学旅行で平和学習　―広島を例に―	110
4	日本は核兵器禁止条約に批准すべき？ 日本は核共有を進めるべき？	112
5	幸せ探偵団　―ブータンの謎を追え！―	114
6	地球温暖化問題はなぜ深刻なのか？	116
7	ディベートしてみよう！ ―日本は今後もガソリン車の製造を続けるべき？―	118
8	森林を減少させている身近なモノ	120
9	「現代奴隷法」から人権を考える	122
10	社会的課題の解決策を提案しよう！（SDGs）	124

おわりに　126

Chapter 1

子どもが熱中する
「中学公民」
教材研究と授業ネタ開発
成功のポイント

Chapter 1 子どもが熱中する「中学公民」教材研究と授業ネタ開発　成功のポイント

1　ネタを用いた授業デザイン

1　授業がうまくいかない原因

授業がうまくいかない原因は，様々です。例えば，次の原因があります。

---

①授業のねらいに関すること
　　テストや受験のためだけでなく，なぜ社会科を学ぶのかの目的が不十分
②授業の内容に関すること
　　社会科で扱う学問内容が不十分，もしくは難解過ぎる
③授業の方法に関すること
　　学習方法づくりや，指導技術が不十分
④子どもの理解と対応に関すること
　　子どもの学びやつまずきへの理解，特性への理解と対応が不十分

　上の①～④の原因に対して，授業者が自分なりの答えを持ったとき，自分の授業スタイルが確立されたと言えます。
　しかし，自分の授業スタイルを確立するまで，日々の授業は困難の連続です。自分の授業に問題意識を持ち，「何とかしなければ」と思いながら，その時間も解決策も見つからず，ただただ毎日の授業に追われる方々は多いはずです。
　また，一定の授業スタイルを確立した方でも，自分の授業に課題意識を持ち，さらに良い授業にしていこうと，日々の業務に追われながら取り組んでいらっしゃる方々もいます。ある程度，授業は成り立つが，どうすればさらに子どもたちが学びに向かい，深められるか，お悩みの方もいるでしょう。

2 ネタを用いた授業

　本書では，授業のうまくいかない原因に対して，主に②と③にアプローチするために，ネタを用いた授業を多数紹介します。

　本書で紹介するネタを用いた授業を実践することで，子どもたちが授業に熱中し，学習の中で見方・考え方を鍛え，学びが深まるようになります。

　例えるなら，調理や冷凍の技術の発達で，電子レンジ一つで本格的な料理を家庭で味わえるようになるようなもの。本書のねらいも，紹介する授業ネタを通して，手軽に「本格的な授業」に近づけることです。②の学習内容と，③の学習方法を，ネタを用いた授業でクリアできます。そして，本書をきっかけに，さらに「良い授業」を追究していただければと思います。

　また，本書で大事にしていることは，次の２点です。

・子ども（たち）のせいにしない。
・一人残らず，全員を成長させる。

　これは，原因の④に関わる部分です。難しい内容を，そのまま子どもにぶつけるのでは，プロではありません。いかに，楽しく，わかりやすくするか，学びたいと思わせるか，ここがプロの腕の見せ所です。そのヒントが，本書で紹介する授業ネタにはたくさん盛り込まれています。

　そして，原因の①に関わる部分です。どれだけおもしろい内容でも，子どもたちに力がつかなければ，意味がありません。単なる遊びに終わります。本書で紹介するネタは，単におもしろいネタではなく，見方・考え方を鍛え，学びを深めるためのネタを厳選しています。

　本書で紹介するネタを用いた授業を，ぜひご自身で実践していただき，ご自身の授業スタイルを確立していってください。そして，ご自身の授業スタイルに合うように，より良いものに改善していってくださると幸いです。

（梶谷　真弘）

子どもが熱中する「中学公民」
教材研究と授業ネタ開発　成功のポイント

2　ネタを用いると授業がこう変わる！

　ここでは，授業ネタを用いることで，授業がこう変わる！ということを紹介します。そのために，教科書通りに行った授業と，ネタを用いた授業を比較します。これは，教科書を批判しているのではありません。教科書は，学習教材の一つです。学習すべき内容が，端的に，わかりやすくまとめられています。授業者がうまく利用することで，教科書を効果的に活用でき，学びが深まる授業となります。

1　教科書通りの授業では…

　例えば，「国際」の「紛争のない世界へ」の単元で考えてみましょう。この単元の目的を次のように設定します。

> 紛争のない世界の実現に向けた，国際的なきまりや対策を理解する。

　教科書には，国際連合や国際的な条約，紛争の現状など，現在の国際的なきまりや対策，世界の現状の説明や資料が掲載されています。この内容をそのまま教えようとすると，バラバラとした個別の内容を説明することになります。
　子どもたちに資料から読み取らせようと，問いを立てたとしても，国際的なきまりや現状などを，資料から読み取る学習になるでしょう。
　これでは，社会科が好きではない，苦手な子どもにとっては，まったくおもしろくない，退屈な授業になります。学習に向かわず，他のことをしてしまう子も出てくるでしょう。

2 授業ネタを用いると…

では，この授業に，ネタを用いてみましょう。
この単元の単元全体の問いを，次のように設定します。

> 紛争のない世界の実現に向けて，様々な取り組みが行われているが，どうして，ロシアのウクライナ侵攻は防げなかったのだろう？

この問いに対する答えは，すぐに考えられるものではありません。答えが一つでもありません。大人でも答えることが難しい問いです。しかし，子どもたちは，ニュースなどで見聞きした情報と，教科書の内容を見比べ，矛盾を感じるはずです。この矛盾を，学習の動機づけに用います。

単元内の各授業で，「国際連合は，どうして防げなかったのだろう？」「この侵攻に，核はどのような影響を与えているのだろう？」「この侵攻に，地域機構はどのような影響を与えているのだろう？」などの問いを設定し，テーマごとに学習します。テーマごとに紛争のない世界の実現に向けて構築される枠組みと，その問題点を学習し，単元を通して単元全体の問いへの答えを考えていきます。

このように，授業ネタを用いることで，知識を羅列的に扱うつまらない授業から，子どもたちが「知りたい！」「考えたい！」という気持ちで楽しく学習に向かう授業にすることができます。それだけでなく，見方・考え方を鍛えることができ，他の事例に応用できる力を育成することができるのです。

紹介したような授業の急所をつく，ねらいと学習内容に合った良いネタを授業に取り入れることで，子どもたちが主体的に学習に向かい，仲間との対話が必然的に生まれ（対話的），深い学びを実現することができるのです。

（梶谷　真弘）

Chapter 1 子どもが熱中する「中学公民」教材研究と授業ネタ開発 成功のポイント

3 授業ネタの良し悪し

1 ネタを用いた授業で失敗する2つの原因

経験の浅い先生方から、よくこんな相談を受けます。

「授業の導入でネタを用いると、すごく盛り上がって良い感触で授業できます。でも、そのネタが終わって授業の本題に入ると、子どもたちの表情が一変し、退屈そうにします。伏せてしまったり、学習に向かわなくなってしまいます。どうすればいいですか？」

この原因は、どこにあるでしょうか？私は、2つの原因があると考えます。

①悪ネタを使っている
②学びのデザインが不十分（次節で解説します）

本節では、①のネタの良し悪しを解説します。
そもそも、ネタが良くない場合があります。食材のネタを探すときにも、「目利き」が必要なように、授業ネタにも「目利き」が必要です。
私の場合は、次の3つで「目利き」をしています。

①子どもが考えやすいネタか
②子どもが「知りたい！」「考えたい！」「言いたい！」ネタか
③授業の目的や学習内容に向かえるネタか

❷ 授業ネタの「目利き」

①子どもが考えやすいネタか

　まず，子どもにとって考えやすい，ハードルの低いものであるかどうかです。これは，内容と方法の2つに分かれます。

　考えやすい内容とは，子どもの日常生活とつながる内容や，以前に学習したこととつながる内容などです。ネタが，子どもにとって身近で，考えやすいものであれば，考えようという気になります。

　考えやすい方法とは，問い方や活動の仕方の工夫です。「何でしょう？」「なぜでしょう？」と聞かれても，なかなか答えられません。でも，選択肢を出して3択で答えさせたり，順位や量などの数字を答えさせたりする課題では，全員が参加できます。

②子どもが「知りたい！」「考えたい！」「言いたい！」ネタか

　次に，ネタの醍醐味である，熱中させるネタかどうかです。熱中させるには，いくつかのパターンがあります。

　例えば，「矛盾」を利用するパターンです。特に，子どもの素朴な考えと異なる事例を提示し，「どうして？」と問うと，子どもたちは熱中して考えます。他にも，「切実性」に訴えかけるパターンもあります。不条理な現実を提示し，「おかしい！」「何とかしないと！」と感情を動かすことで，熱中していきます。

③授業の目的や学習内容に向かえるネタか

　そして，授業の目的や学習内容に合致し，そこに向かうネタであるかどうかです。この部分がおろそかだと，ただ盛り上がるだけになったり，子どもたちが学習場面と切り離して考えてしまったりしてしまいます。目的や学習内容に向かうネタだからこそ，学びに向かい続けることができるのです。

　これらを意識して，ネタの「目利き」をしてみてください。

（梶谷　真弘）

Chapter 1

子どもが熱中する「中学公民」教材研究と授業ネタ開発 成功のポイント

4 学びのデザイン

1 ネタを用いた授業の落とし穴

　ネタを用いた授業で，うまくいかない原因の2つ目は，「学びのデザインが不十分」ということです。

　前節の例では，ネタと学習内容が切り離されています。子どもの立場で考えると，ネタを用いて楽しく学習した後，急に教科書の話になって，やる気を失ってしまうのです。導入で盛り上がれば盛り上がるほど，余計にその後のモチベーションは下がります。ネタを用いた授業の落とし穴とも言えます。

　これは，1時間の学びのデザインに問題があります。では，どのように学びをデザインすれば良いのでしょうか？

　ここでは，ケラー氏が学習意欲に関わる4つの要因に着目して提唱する「ARCSモデル」をもとに考えていきます。ARCSモデルは，子どもの学習意欲を，授業全体・単元全体で維持・向上させるように授業をデザインするための考え方です。

　ARCSモデルでは，学習意欲に関わる要因として，注意・関連性・自信・満足感の4つを挙げています。

　注意（Attention）では，子どもの関心を得られ，学ぶ好奇心を刺激するものが求められます。これは，授業のネタ自体を選ぶ基準でもあります。

　関連性（Relevance）では，子どもの日常やこれまでの学習に関連があり，取り組みやすいものが求められます。これも，授業のネタ自体を選ぶ基準でもあります。

　自信（Confidence）では，子どもが「自分にもできそうだ」と学習に見通しを持ち，学習がうまくいくゴールをイメージしやすいものや手立てが求め

られます。これは，授業のネタだけでなく，授業のデザインも含まれます。

満足感（Satisfaction）では，内発的・外発的動機づけによって，子どもが学び続け，学習のゴールに向かい続けるための手立てが求められます。これは，ネタをどう用いるか，授業をデザインする基準です。

2 ＡＲＣＳモデルを用いた学びのデザイン

下の表は，ＡＲＣＳモデルの４つの要因の具体例を示したものです。

表　ＡＲＣＳモデルの４つの要因の具体例

Ａ：Attention 注意	・具体例や視覚情報で伝える ・人物に焦点を当てる ・図や漫画などを活用する ・矛盾や相反することなど，心の葛藤を引き起こす
Ｒ：Relevance 関連性	・普段の生活（生活知）とつながる課題 ・学んだこと（学習知）とつながる課題 ・競争やゲームを取り入れる ・共同学習を取り入れる ・学ぶ価値があると捉えさせる
Ｃ：Confidence 自信	・課題の難易度の調節 ・確認的（正しい），矯正的（間違い）フィードバック ・できると思える支援
Ｓ：Satisfaction 満足感	・学んだことを転用する機会の提供 ・取り組みや達成への称賛 ・外発的な報酬

（ケラー（2010）『学習意欲をデザインする』北大路書房，をもとに，筆者作成）

ネタをどのように授業で位置づけるか，学習のデザインを心がけましょう。

（梶谷　真弘）

① 授業ネタの分類

　授業ネタと言っても，様々です。「ネタとは何か」の問いには，多様な考えがあるでしょう。筆者は，表のような枠組みで考えています。

表　授業ネタの分類

	①素材ネタ	②ワークネタ
0．興味・楽しい	0－①	0－②
1．わかる	1－①	1－②
2．深める	2－①	2－②
3．活用する	3－①	3－②

(筆者作成)

　まず横軸です。「①素材ネタ」は，モノや資料，小話などの素材によって，子どもを学びに向かわせ，力をつける授業ネタです。授業ネタの定番と言えるでしょう。一方，「②ワークネタ」は，素材ではなく発問，指示，活動，ワークなどで子どもを学びに向かわせ，力をつける授業ネタです。素材ネタがないときには，このワークネタが有効です。筆者は，この「ワークネタ」も，子どもを学びに向かわせるための授業づくりの肝なので，授業ネタと考えています。

　次に，縦軸です。「0．興味・楽しいネタ」は，「わかる」や「深める」ものではないが，子どもを学びに向かわせるためのネタです。子どもが興味のあるネタや楽しいネタは，授業ネタの大前提と言えるでしょう。「1．わかるネタ」，「2．深めるネタ」，「3．活用ネタ」は，後のコラムで紹介します。

　授業のどの場面に，どのような授業ネタを取り入れるかを考えることで，授業づくりの幅が広がります。

(梶谷　真弘)

Chapter 2

見方・考え方を鍛える！学びを深める「現代社会」授業ネタ

①現代社会

大阪・関西万博から見える日本の未来社会

ネタ→授業化のヒント
現代社会の単元に，大阪・関西万博がめざすコンセプトを位置づけることで，日本の未来社会の姿を子どもが想像しやすくなります。

授業のねらい

2025年に行われる予定の大阪・関西万博は参加者一人ひとりに対し，自らにとって「幸福な生き方とは何か」を正面から問う初めての万博であると大阪府のHPで表明しています。公民的分野のスタートで大阪・関西万博がめざしている日本の未来の姿の追究を通して切実性のある学習を行います。

ネタ解説＆授業化のヒント

2025年に行われる大阪・関西万博がめざしている「Society5.0実現型会場イメージ」図を確認します。この中から，自分が興味をもった次世代技術を一つ選んで調べます。その後，グループの中で共有し合います。

活動：大阪・関西万博で披露されることになる次世代技術を調べよう！

「空飛ぶクルマは調べたら実現していた。」「MaaSはあまり聞かないけど，移動を変化させるみたい。」「自動翻訳ができたら世界中の人々と話せるね。」

発問：あなたが考える『いのち輝く未来社会』はどのような社会だろう？

2025年に行われる大阪・関西万博のテーマは「いのち輝く未来社会のデザイン」です。参加者一人ひとりに対し，自らにとって「幸福な生き方とは何か」を正面から問う初めての万博であると，大阪府のHPで表明しています。まさしく，社会科が教科全体を通して追究したい「よりよい社会」と同義であると考えています。ここでは，各個人が「すべての人々にとっていのち輝く未来の日本はどのような社会であるべきか」などの問いに向き合って，公民的分野スタート時点での回答を出してもらいたいです。今後，適宜同じ問いを単元の学習が終わるごとや中学校段階の社会科が終わるタイミングなどで記述させていくと，子どもの変容をその都度感じられると考えています。

 発問：大阪・関西万博は現代社会が解決すべき課題とどう関わるのだろう？

　教科書をめくって，これからグローバル化・情報化・少子高齢化の現代社会の特色について学んでいくことを確認します。
　「グローバル化の視点では，万博に世界中から人々が集まる機会となります。自動翻訳が実現したら，もっと世界が密接につながりそうです。」
　「情報化の視点では仮想空間でも万博が行われるようです。現実の空間とはどれだけのちがいがあるのだろう。」
　「少子高齢化の視点では，健康長寿社会の実現をめざしているみたいだからヒントがたくさんありそう。人型ロボットは介護の現場でも活躍しそう。」
　『大阪・関西万博がめざしている未来の社会はどんな社会だろうか？』
　「現代の社会が抱えている課題を克服できている社会だと思います。」
　『尚，大阪・関西万博はSDGsの達成を大変意識しています。2030年の目標達成のためにも今日学んだ次世代技術は活躍していくことでしょう。』

【参考文献】
・EXPO2025大阪・関西万博公式webサイト（2024年1月29日閲覧）
　https://www.expo2025.or.jp/

（小谷　勇人）

Chapter 2

②現代社会　情報化

生成AIは学校で活用可能か？

ネタ→授業化のヒント
近年，社会を大きく変化させている生成AIが学校現場にどのように影響を与えるのかを考えます。

授業のねらい

　中学校ではどのような場面で生成AIを活用できるのか，またそれについての問題点を考えさせます。最後に学校で生成AIを使うときのルールについても検討します。

ネタ解説＆授業化のヒント

　文章生成AIや画像生成AIについて簡潔に説明します。その後，タブレット端末を使って実際に生成AIを使わせてみます。使用するアプリはChatGPTやCanvaのText to Imageなどがよいでしょう。

活動： 実際に生成AIを使ってみよう！

　文章生成AIを使って自由に質問したり，画像生成AIを使って好きな画像を生成したりするなど，どのようなことができるのかを実感させます。

発問： 学校生活ではどんな場面で活用できるだろう？

「授業」「学級活動」「部活動」の３つの場面で具体的にどのように生成AIが使えるのかを考えさせます。その際，Ｙチャートを使ってもよいでしょう。子どもたちからは「授業でわからなかったことを教えてくれる。」「意見をまとめてくれる。」「学級目標の案を考えてくれる。」「部活動でどうすればもっとうまくなるのか教えてくれる。」など様々な意見が出てきます。しかし，現状で生成AIが作った回答が必ずしも正しいものではないということを実際の事例をもとに補足します。

発問：生成AIを学校で使うことでどのような問題が生じるだろう？

　「間違った情報を信じてしまうことがある。」「自分の頭で考えなくなってしまう。」「レポート課題などが同じような意見になってしまう。」などの意見が出てきます。その後，文部科学省が示す生成AIの利用に関するガイドラインを提示します。そこでは「各種コンクールの作品やレポート・小論文などでそのまま使うこと」や「定期テストや小テストで使うこと」などが適切な使い方ではないことが示されています。

活動：生成AIを授業で使う際のルールを考えよう！

　最後に文部科学省のガイドラインをもとに現状，社会科の授業で使ってもよい場面を考えさせます。ルールを考える際は情報リテラシーや情報モラルを踏まえるべきであることを伝えます。

【参考文献】
・文部科学省（2023）『初等中等教育段階における生成AIの利用に関する暫定的なガイドライン』（2024年1月15日閲覧）
https://www.mext.go.jp/content/20230710-mxt_shuukyo02-000030823_003.pdf

（西川　貢平）

③現代社会　文化

内なる国際化　―多文化共生に向けて―

> **ネタ→授業化のヒント**
> 2023年6月末における在留外国人の数は約322万人です。多くの外国人がいることで，国内でどのような変化が起きているかを学びます。

授業のねらい

　近年，技能実習生の増加なども含めて在留外国人が増加しています。この傾向は都市部に顕著だと思いきや，地方でも第一次産業の担い手として重宝されています。多くの外国人が日本国内で増えていることで起きている変化を埼玉県川口市の芝園団地を事例にして学習を行います。

ネタ解説＆授業化のヒント

　在留外国人がどのような形で日本に来日してきているかを確認します。最近では技能実習生として来ている人が多いことや戦前から日本に住んでいる人などを知ります。そして，どのような国・地域から来ているか調べます。

　活動：日本に住む外国人はどこの国・地域から来ているか調べよう！

　「中国は一番多く，現在も人数が増えている。」「ベトナム，フィリピン，インドネシアの東南アジアの人の伸びが大きい。」「韓国やアメリカは微増だ。」

　活動：外国人が多く住む埼玉県川口市の芝園団地について調べよう！

埼玉県川口市にある芝園団地は住民の約半数が外国籍である，URが管理する賃貸住宅です。外国人住民のほとんどが中国人です。近隣の西川口駅や団地内には中華系の食材を扱うスーパーや飲食店が集まっています。東京に比べると家賃が安いこと，東京へのアクセスの良さ，すでに存在する中国人コミュニティの存在など，住みやすさが口コミで広がったのかもしれません。ここでは，芝園団地の実態とともに生じた古くから住む日本人との共存の問題にも触れ，どのように解決に向けて向き合ってきたかについてわかる資料も提示します。中国人住民との交流をめざす自治会の活動や学生団体「芝園かけはしプロジェクト」の取り組みにも触れ，かつて言われていた外国人住民との軋轢である習慣のちがいではなく，すでに乗り越えた先にある**心情面での差異を埋めようとする取り組み**について子どもたちへ資料提示します。

　発問：多文化共生を実現するため，私たちに何が求められているのだろう？

　「外国人住民が日本に住むうえで何を求めているかを知る努力が必要です。」
　「日本人の見方・考え方は限られたものであるということを意識します。」
　「私は寛容の心をもって外国人住民と接することが大切だと思います。」
　「これからも外国人の方は増えると思うので，当たり前だと思いたい。」
　『みなさんの考えは，外国人住民が日本に住むお客様のように感じますが？』
　「むしろ日本を一緒に成長させていく原動力と考えないとですね。」
　『今まで多文化共生は「共生する」ことが注目されていましたが，むしろ外国人住民の存在を肯定的に捉え，その力を生かしていく考えが必要です。』

【参考文献】
・大島隆（2019）『芝園団地に住んでいます－住民の半分が外国人になったとき何が起きるか』明石書店
・中島恵（2018）『日本の「中国人」社会』日本経済新聞出版

（小谷　勇人）

④現代社会　少子高齢化
「母になるなら流山市」
「高齢者にも優しいまちづくり大東市」

ネタ→授業化のヒント
子育て支援，高齢者支援の取り組みとして，地域社会全体で支えるといったまちづくりの視点に注目して授業を構成します。

授業のねらい

　少子高齢化の問題を取り上げると，どうしても現在の政策や金銭的な問題などに注目されがちですが，地域社会全体で支えるまちづくりの視点も重要です。

ネタ解説＆授業化のヒント

　少子高齢化問題については，よくニュースでも取り上げられるため，金銭的な問題についてイメージがわく子どもは多いです。しかし，その他に子育て支援，高齢者支援とは具体的にどのようなものが必要かをイメージすることは難しいでしょう。そこで導入として，子育て世代と高齢者の困り事ランキングの資料を見せ，10位までにどんなことが入るか予想をさせます。このランキングの中で注目することは，金銭的な不安があることはもちろんですが，子育て世代では「育児と仕事の両立」への悩み，高齢者では「体力低下による買い物などの日常生活の不安」「社会との関わりが希薄」なことへの悩みがランクインしていることです。そこで，その悩みを解決するためにどのような取り組みができるか考えます。

　実際に，子育て支援，高齢者支援の例として，地方の例をいくつか挙げて

みると具体的でわかりやすいでしょう。子育て支援の例としては，6年連続人口増加率トップの流山市が参考になります。

発問：流山市のポスターです。（　）に入るキャッチコピーは何だろう？
「（母）になるなら流山市。」
「（子ども）といたい私も，（仕事）をしたい私も，この街を選んだ。」
このキャッチコピーを使う流山市の子育て支援がどのようなものか調べてみよう。

　目を引くキャッチコピーで，どんな市なのか興味をもたせることができます。子育てのしやすい自然のある公園などの環境を大切にしたまちづくりや，送迎保育ステーション（保育園まで行かなくても最寄り駅まで連れて行けばよいシステム）など，仕事との両立に力を入れています。
　高齢者支援の例としては，国内初の民間主導の公民連携型で進めた市営住宅の建替を実現した大東市が参考になります。

活動：morinekiプロジェクトのまちの写真を見て，普通の市営住宅との違いを見つけよう！まちづくりのポイントは「曖昧な境界」です。

　写真から，住宅だけでなく店舗や公園のスペースが広く取られていることがわかります。また，住宅と公園などの境目が曖昧なつくりになっており，住民同士のつながりができやすい設計になっています。このように，子育て支援，高齢者支援には，まちづくりの視点も大切であることを気づかせます。

【参考文献】
・大西康之（2022）『流山がすごい』新潮社

（福井　幸代）

⑤現代社会

「食」から現代社会を捉えよう

ネタ→授業化のヒント
現代社会を見つめる視点として，「食」に注目しました。食事のメニューやよく利用する飲食店など，自分たちの生活に身近なところから，現代社会の特徴を発見させます。

授業のねらい

　教室で食生活アンケートを行って，自分たちの生活に身近なところから，国際化，情報化，価値観の多様化といった現代社会の特徴に気づかせます。

ネタ解説＆授業化のヒント

　公民的分野に入ったばかりのころの授業です。楽しみながら学べるよう，ゲームから始めてみましょう。「**班対抗・食料自給率クイズゲーム**」です。ゲームのやり方は，各メニューに使われている食材の自給率（カロリーベース）を予想して，その誤差を足していき（例．小麦の自給率16％に対して，「30％」と解答したら14，「10％」と解答したら6という具合に），最終的に誤差の合計値がいちばん小さい班の勝ちというものです。3回戦行います。

1回戦：朝食「焼き魚定食」〈米，大豆（味噌汁），魚介類の3品目〉
2回戦：昼食「しょうゆラーメン」〈小麦（麺），鶏卵（煮卵）の2品目〉
3回戦：夕食「ハンバーグとビール」〈肉類，いも類，野菜，大麦〉

このゲームを通して品目別の日本の食料自給率を見ることで，私たちの日常の食事の大部分を輸入に頼っていることに，より実感的に気づきます。併わせて食品の名産地を取り上げると，地理的分野の内容の復習もできます。

次に，Googleフォームなどを使って，**学級内でアンケート**をします。

〈設問例〉①あなたの好きな食べ物
②あなたがよく利用する飲食店
③食べてみたいもの，あるいは行ってみたい飲食店

アンケートの結果を即時共有しながら，次の活動の指示をします。

活動：アンケートの結果から現代社会の特徴を見つけて発表しよう！

机間指導では，「みんなの好きな食べ物やよく行く店が共通している。」『本当だね。それは一体どうしてだろう？』という風に，子どものつぶやきに対して問い返し，現代社会の特徴に気づくよう促していきます。この活動から，例えば以下のような気づきが促せるのではないかと思います。
・「いろんな国の食べ物がある」—**国際化，グローバル化**
・「SNSで話題のお店が人気」—**情報化**
・「インスタント食品やファストフード店が人気」—**利便性，効率性の向上**
・「どこでも新鮮な食品が食べられる」—**流通ネットワークの発展**
・「おしゃれなカフェやオーガニック食品が人気」—**価値観の多様化**　など

このように，現代社会の特徴として教科書に書かれている事柄について，子どもたちの身近な生活とつなげて理解させることができます。尚，今回は**「食料自給率」**を取り上げましたが，他の例として，**「学校給食」**を教材にするのもよいです。昭和からの献立の変遷をクイズにしたり，将来の学校給食の献立を想像させてみたりしてもおもしろいでしょう。

（宮本　一輝）

⑥現代社会　文化

東北三大祭りの共通点を探せ！

ネタ→授業化のヒント
東北三大祭りの共通点から，祭りに込められた人々の願いや受け継がれてきた伝統の技術など変わらないこと，そして伝統文化が廃れないように時代に合わせて変わってきたことの，両方の視点を読み取ります。

授業のねらい

伝統文化の学習では，時代が変わっても変わらないこと（人々の願いや伝統の技術など）と，時代に合わせて変わること（時代のニーズに合わせて伝統文化を継承していくこと）の，両方の視点をもつことが大切です。

ネタ解説＆授業化のヒント

発問：東北三大祭りの共通点を調べ，（　）に言葉を当てはめましょう。
　　　　開催時期：毎年（8月上旬）に行われる。
　　　　起源：（七夕）（眠り流し）に関する祭りである。
　　　　始まり：（戦前）から祭りとして確立している。
　　　　場所：（県庁所在地）で開催されている。
　　　　変化：始まったときよりも（巨大化）している。
　　　　　　　現在は地域の活性化をねらい（キャラクター）とのコラボもある。

　東北三大祭り（青森ねぶた祭り，秋田竿燈祭り，仙台七夕祭り）には共通点がたくさんあります。共通点から伝統文化の継承について考えていきます。

まずは，開催時期と起源についてです。東北三大祭りは，すべて「七夕」「眠り流し」が起源になっています。現在の「七夕」のイメージとは少し違い，旧暦の「七夕」が祭りの起源です。旧暦の「七夕」は，現在の８月ごろにあたり，お盆に帰ってくるご先祖様の霊をお迎えする準備をする日でした。また８月は，稲の開花期でもあるため，秋の豊作を祈る行事をこの時期に行っていました。これが，健康で農作業に励むために「眠気」を流し去る「眠り流し」です。東北三大祭りには，このような人々の思いが今も込められています。

　変化してきたことは，ねぶたや竿燈，七夕の吹き流しが時代とともに巨大化している点です。これには共通の理由があります。それは，地域の活性化につながるからです。ねぶたが巨大化したエピソードが有名なのは，豊臣秀吉の話です。秀吉がお盆の時期に，諸侯たちに出し物を行うように命じました。当時「成り上がりの田舎者」と蔑まれていた弘前藩の初代藩主である津軽為信は，今こそ意地と誇りを見せようと地元津軽で大灯籠を作らせました。この大灯籠が秀吉の目に留まり，為信の出世につながったことから，栄誉の象徴として今の巨大なねぶたにつながっていると言われています。現在は，地域の活性化という理由で，はやっているアニメなどのキャラクターとコラボしたねぶたや竿燈が祭りをにぎわしています。

　以上のように，伝統文化には，変わらずに受け継がれてきた人々の願いや技術があります。これらを大切に将来に伝えていくためにも，伝統文化の継承と保存は重要です。一方で，伝統文化が廃れず続いていくためには，現在の社会や文化に対応した工夫をしていくことも必要です。この点を踏まえて，伝統文化をこれからも継承していくために，自分たちにできることを考えていきましょう。

（福井　幸代）

⑦現代社会　対立と合意・効率と公正

『崖の上のポニョ』の聖地を題材とした授業開き

ネタ→授業化のヒント
『崖の上のポニョ』のモデルになったとされている鞆の浦での景観訴訟を題材としたロールプレイを通じて，公民的分野の授業を進めていくうえで必要とされる対立と合意・効率と公正の視点を学びます。

授業のねらい

　鞆の浦における架橋計画の賛否を様々な人の立場に立って考え，ロールプレイを通じて対立と合意，効率と公正の視点を身につけさせます。

ネタ解説＆授業化のヒント

　授業では，まず鞆の浦の写真を子どもに見せ，『あるスタジオジブリの映画の舞台になったとされている場所です。何の映画でしょう？』と問いかけます。正解は『崖の上のポニョ』です。次に写真を提示し『この地域が抱えている課題は？』と問いかけます。昔ながらの街並みが広がっているため，道幅が狭く交通渋滞や緊急車両の通行に支障をきたしていることを説明します。その解決策として架橋する計画が持ち上がったことを説明し，6人の班を結成，賛成か反対かロールプレイを行います。以下の6枚のカードを配り，カードの役を演じるよう伝えます。

　地域住民Aさん：対向車が来たらすれ違うのも大変。交通渋滞も多く，緊
　　　　　　　　急車両の通行も支障もきたすので架橋に賛成。

地域住民Bさん：この湾の風景を見て育ってきた。住民が気づいていない町の素晴らしさがあり，研究団体も町全体に価値があると言っている。架橋に反対。

市の公務員Cさん：よく起こっていた交通事故や物損事故が減る。この区域は将来的に下水道の工事も進めていきたい。どのような理由にしても違う道路を要するので架橋に賛成。

研究団体員Dさん：鞆の浦は港に関係する5つの遺産が揃っている素晴らしい場所。架橋したら台無しである。反対。

地域住民Eさん：どっちでもいい。ただ，地域の問題にも関わらず研究団体と手を組んでいるBさんは気に食わない。

地域住民Fさん：両者の言い分はわかるので，湾ではなく山を切り開いてトンネルを造れば，問題が解決するのではないか。

6者が主張し終えたら，話し合いで全員が納得できるような案を考えさせます。意見はまとまらなくてもよいと伝え，話し合うことを重視させます。「片方を納得させて架橋する（しない）」と意見を押し通す班もあれば，「景観に合わせた橋を架橋する」のような折衷案も出てくることが想定されます。

最後に，『現代社会はロールプレイのような「対立」と「合意」の連続であることを経験してもらった』と伝え，合意に至らなくても，合意に向けて議論することが重要であると説明します。合意に至るまでの議論が効率かつ公正なものでないといけないことも併せて説明し，これからの授業でも「対立と合意」「効率と公正」の視点を意識して公民の授業に臨むことができるよう動機づけさせます。

この事例は架橋に反対する地域住民が湾の埋め立ての差し止めを請求するよう起訴し，この訴えが認められたため，現在は大きな進展はありません。

【参考文献】
・藤井誠一郎（2013）『住民参加の現場と理論─鞆の浦，景観の未来』公人社

（阿部　孝哉）

⑧現代社会　グローバル化

ひょうたん島問題を効率と公正の視点で解決せよ！

ネタ→授業化のヒント
ひょうたん島問題とは，多文化共生づくりの観点から，体験的に理解するために作られたシミュレーション教材です。この教材を通して，多文化共生で実際に起こるジレンマを体験的に授業で学びます。

授業のねらい

　　ひょうたん島問題の教材を使用して，多文化共生社会で発生するジレンマを体験的に学びます。また，どのように解決していくべきか，効率と公正の視点で考えることで，見方・考え方を使用・鍛錬する機会となります。

ネタ解説＆授業化のヒント

　授業の導入で，架空の島，ひょうたん島と移民の説明を行います。以下ひょうたん島の設定に関しては，藤原孝章氏の設定を１時間の授業で，そのまま使えるように，要約したものです。

【ひょうたん島について】
・ひょうたん人が多く住む島国で，国民の多くは豊かな生活をしている。
・人口は多いが少子高齢化が進んでいる。今後，労働力が不足する可能性があるため，積極的に移民を受け入れている。
・ひょうたん文化をもっており，この文化を守ることが教育目的の一つ。

【カチコチ島とパラダイス島からの移民について】
・寒いカチコチ島からきたカチコチ人。食料生産が厳しく，生きるために一生懸命働く。低賃金でもよく働くのでひょうたん人の仕事が一部奪われた。

・年中温暖なパラダイス島からきたパラダイス人。食料が豊富で何不自由ない生活ができるため，のんびり屋で自由な性格の人が多い。

　ひょうたん島に移民が増加したことで，教育問題が起きたと説明します。

【ひょうたん教育の危機】

・パラダイス人は，簡単な仕事しかせず，その仕事すらもカチコチ人に奪われてしまう。パラダイス人は，失業し，昼間から街をぶらつき，習慣で「昼寝」をする人も。このままでは，ひょうたん島の治安が悪化する危険。
・パラダイス人がひょうたん学校へ入学する。しかし学校でも昼寝ばかり。ひょうたん語を理解しようとせず，満足に話せない。そのためパラダイスの子どもたちは，校則を守らず，学校に行かないことも多くなる。そんなパラダイス人の子どもたちを，バカにする子どもたちも多いようです。
・パラダイス人たちは，パラダイス人の文化を守るため，パラダイス人の子どもたちを教育する「パラダイス学校」を創設しようと運動を始めました。
・一方のカチコチ人も，ひょうたん学校カリキュラムに，カチコチ文化を入れるよう，要求してきました。

 活動：グループでひょうたん教育の危機の解決策を考えよう！

　ここからは本来のひょうたん島問題と異なる展開です。ひょうたん島から日本に仲裁に入ってほしいと連絡が入った，との設定で，他国の立場から考えてもらいます。またこれを考える際に，効率と公正の視点で考えることを条件に入れる，もしくはグループで考えた意見の中から，効率と公正の視点から，最も評価できるものはどれか，またこの視点で考えれば，どのような改善案が出されるか，としてもよいでしょう。

【参考文献】

・藤原孝章（2021）『新版　シミュレーション教材「ひょうたん島問題」多文化共生社会ニッポンの学習課題』明石書店

（玉木　健悟）

⑨現代社会　効率と公正

現代社会を捉えるメガネ
― きまりやしくみを見る目を養おう ―

ネタ→授業化のヒント
現代社会を捉える枠組みとして「効率と公正」があります。現代社会の単元で学習したこれらの見方・考え方を公民の他の単元で応用します。

授業のねらい

「効率と公正」の考え方は「現代社会」の単元で学習し，それ以降はほとんど用いずに公民の学習を終えてしまうことがあります。公民的分野を通して「効率と公正」の見方・考え方を使うことで，きまりやしくみを批判的に考察する力を養います。

ネタ解説＆授業化のヒント

まず1つ目は「政治」の単元です。選挙の学習を終えた後，小選挙区比例代表並立制について考えます。

 活動： 小選挙区比例代表並立制を「効率と公正」の視点で評価しよう！

効率と公正の視点で評価すると，小選挙区制だけでは死票が多くなってしまう，比例代表制だけでは多くの政党に分かれやすいため物事を決めにくくなる，というそれぞれの問題点に気づくことができます。そのため，2つの選挙制度を組み合わせていることが理解できます。また現行の選挙制度を公正の視点で評価すると，選挙区によって有権者数が異なるため，有権者のもつ一票の価値に差が生じることにも気づくことができます。

2つ目は「経済」の単元です。財政について学習した後，今後の税制度の在り方について考えます。

活動：現行の税制度を公正の観点で評価しよう！

　消費税を公正の視点で評価すると，財やサービスを購入する人に同じ金額を支払うという点では公正と言えます。しかし，所得が少ない人ほど所得における税の割合が高くなってしまうことに気づきます。また累進課税制度を公正の視点で評価すると，それぞれの支払い能力に応じた制度である点は公正と言えます。しかし，所得に応じて負担の大きさや税率が違うという点が公正でないという考え方もあります。現行の税制度を評価した後は，どのような税のしくみが「公正」と言えるのかを議論させてもよいでしょう。

　最後に「国際社会」の単元です。国際連合について学習した後，安全保障理事会の議決方法について考えさせます。

活動：安全保障理事会の議決方法を効率と公正の視点で評価しよう！

　効率の観点で評価すると，拒否権が使われることで，議論したことが無駄になることに気づきます。さらに公正の視点で評価すると，常任理事会だけに拒否権があるのは手続きの公正さがないことに気づきます。また，常任理事国である5カ国が安全保障理事会設立以降変わらないという点においても，公正でないと言えます。現状の議決方法の問題点に気づかせ，改善点について考えさせてもよいでしょう。
　このように意図的に効率と公正の視点を子どもに意識させることで現代社会のきまりやしくみがなぜそのようになっているか，また本当に現行の決まりやしくみでよいのかを考えることができます。

（西川　貢平）

Chapter 2

⑩現代社会　効率と公正
校則変更を校長先生や生徒指導部に提案しよう！

ネタ→授業化のヒント
子どもにとって身近な校則を扱い，実際に校長先生や学校の生徒指導部に提案することによって，子どもたちの意欲的な学びを促します。

授業のねらい

きまりの意味・きまりの変更するときの視点を学んだうえで，子どもにとって身近な校則の意味や変更する規定を考えることで，実際に学んだ見方や知識を活用する力を育成します。

ネタ解説＆授業化のヒント

2015年のプロ野球で起こったマートン選手の危険タックルをきっかけとした乱闘騒ぎ，そして翌年に本塁上での衝突を防ぐためのコリジョンルールが正式に作られたことを紹介します。

発問：なぜコリジョンルールは作られたのだろう？

「お互いのケガを防ぐため」「乱闘になるのを前もって避けるため」などの意見から，きまりがなぜ必要なのか全体で確認していきます。

活動：身近なきまりとそのきまりがなぜあるのか考えよう！

社会，学校，家庭ごとにいろんなものを挙げていきます。そして，なぜそのきまりがあるのか考え，発表してもらいます。その中で，学校のルールの中には，これは本当に必要なのかどうか，というものを子どもたちと考えます。

課題：残すべき，変更すべきと思う校則は？理由とともに書こう！

「ヘルメットを着用することは命に関わることだから必要だと思う。」
「髪型に関することや服装に関する規定は，個人の自由ではないか？」
「他クラス入室禁止は，必要な子はいるけど，別の方法でよいのでは？」
など様々なものが出てきます。これを Google フォームやロイロノート等で集約し，全体に紹介します。

課題：この中で，変更すべきだと思う意見は？校長先生や生徒指導部の先生に，変更が必要な理由とともに，意見文を提出しよう！

本授業の最終課題です。採点基準は，①きまりの変更が必要な理由や新たなきまりを作る目的を説明できていること，②理由が多角的な視点で書かれていること，③効率と公正の観点に触れながら書いていること，としました。
②と③を入れることによって，個人的に学校にお願いしたいこと，という視点ではなく，学校生活・集団生活をより良くしていくために，という視点での意見文を書くことができます。
完成した文章は，実際に校長先生や生徒指導部に提案します。また，この活動を授業内にとどめるだけでなく，生徒会活動など特別活動と関連させていければ，学校全体で生徒たちが自治的な役割を経験できるようになり，さらなる発展が見込めるかもしれません。

（玉木　健悟）

② 「わかるネタ」のポイント

　「わかるネタ」は，教科書の内容を理解することを目的とした授業ネタです。「わかるネタ」のポイントは，次の2つです。

1．具体化
　具体的なモノや事例を用いることで，楽しく学習でき，内容の理解も進みます。例えば，「人生ゲーム」を取り上げ，「今と昔で変わったところを見つけよう！」という課題を設定すると，現代社会を捉える様々な変化を見つけることができます。また，「本当の人生ゲームのゴールは何だろう？」や「現代に合うルールを作ろう！」など，深める学習にもつながります。

2．身近化
　身近なモノを用いることで，学習意欲を高め，内容も理解できます。公民では，子どもの興味のある題材が有効です。例えば，フェイクニュースを取り上げ，社会に大きな影響を与えていることを学習し，メディアやSNSなどの社会や政治への影響力と，情報を鵜呑みにせず，正しい判断をするためのリテラシーについて学習することができます。

（梶谷　真弘）

Chapter 3

見方・考え方を鍛える！学びを深める「政治」授業ネタ

①政治　民主政治

ランチのお店を決めよう

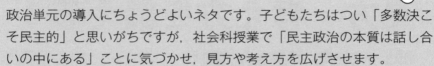

ネタ→授業化のヒント
政治単元の導入にちょうどよいネタです。子どもたちはつい「多数決こそ民主的」と思いがちですが、社会科授業で「民主政治の本質は話し合いの中にある」ことに気づかせ、見方や考え方を広げさせます。

授業のねらい

　正解がただ一つに定まらない問いについてグループで討議する活動を通して、少数意見に耳を傾けることや、各人の主張の背景にあるものを想像すること、全員の納得解を導き出すことなど、民主主義の担い手としての実践的な資質・能力を育成します。

ネタ解説＆授業化のヒント

　政治単元の初回の授業です。授業のはじめに、『政治と聞いて、連想するものは？』と問いかけます。子どもたちからは、「選挙」、「国会」、「総理大臣」、「〇〇（政治家の名前）」、「お金」、「不正」などと、若干皮肉も含んだ様々な意見が上がることでしょう。そこで、〈人々が幸せに生きるために、どのような政治が望ましいだろう？〉などと単元をつらぬく問いを提示し、次のように話して本時の活動を提示します。

　『教科書には、〈政治は、社会生活の中で生じる問題を解決していくこと〉とあります。そこで今日は、具体的な事例を通して、みなさんに政治というものをイメージしてもらいましょう。さて、こんなときどうする？』

Chapter3　見方・考え方を鍛える！学びを深める「政治」授業ネタ

 活動：ランチのお店を決めよう！（活動の内容は，図中の説明を参照）

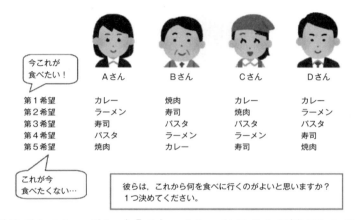

「多数決だとカレーだね。」「でも，カレーはＢさんが嫌がるんじゃない？」「それならラーメンかな。」「パスタもいいと思うよ。」「焼肉はなさそうだね。」「Ｂさんはどうしてカレーが嫌なのかな？」「Ｃさんの寿司の理由も気になる。」「この情報だけじゃ決められないよ。」「みんなが納得するって難しいな。」

　このような対話がきっと子どもたちの中で生まれることでしょう。子どもたちは，前単元で学習した**対立から合意を導く活動**を疑似体験し，〈多数決＝民主主義〉ではなく，多数決は集団の意思決定のための一つの手段であることを体験的に学びます。最終的に子どもの班が「カレー」を選んだとしても，意思決定に至ったプロセスを言語化し，説明できればよいでしょう。そのためにも，**この授業では振り返りが重要**です。「今日の授業で大切だと感じたこと」を一人ひとりそれぞれが書く活動時間を保障してあげましょう。

（宮本　一輝）

②政治　法の支配

『檻の中のライオン』から考える民主主義と人権

ネタ→授業化のヒント
『檻の中のライオン』をもとに，淡白な授業になりがちな民主主義や法の支配の原則を扱う授業を，より実感的に学習することができます。

授業のねらい

　現在の日本における民主主義や法の支配のしくみを，具体例を交えて説明できるようにします。

ネタ解説＆授業化のヒント

　『檻の中のライオン』の物語の挿絵を用いながら，架空の国である「アニマル共和国」を題材に話を広げていきます。

　『この国の暮らしを良くするためには，ルールを作ったり，様々な公共のサービスを提供したりするリーダーが必要です。どっちのリーダーがよいですか？』

　『リーダーの候補は2頭です。一頭目は，優しいけどのんびり屋さんのゾウ。もう一頭は，ちょっと怖いけどしっかり者のライオンです。』

　「ゾウの方が平和そう。」「しっかり者のリーダーの方が国を任せられる。」
　『選ばれたのはライオンでした。』

　『(ライオンが権力を使って国民を追い詰めている挿絵を提示) 国民は安心して生活できていそうですか？』「そうは思わない」『なぜそう思いましたか？』

　「何かから逃げているように感じる。」「事件でもあったのかな？」

「ライオンが関係してそうだよね。」
「もしかしてライオンが暴れたのかな？」
『その通りです。この国は，ライオンが権力で国民を抑える国になってしまったのです。』「この後は？」
『市民は団結してライオンに抵抗し，ライオンを檻の中で指揮を執らせることに成功しました。このような国のお話は，実際に世界の歴史上にもありました。具体的に見ていきましょう。』

この後，イギリス・アメリカ・フランスで人権が獲得された過程を背景・結果に分けてワークシートにまとめると同時に，権利章典やアメリカ独立宣言，フランス人権宣言の条文を確認します。その後，『檻の中のライオン』の挿絵を複数個提示して以下のような活動を取り入れます。

活動：それぞれの出来事や条文が挿絵のどの場面と一致するか，照らし合わせよう！

各国で起きた革命の背景の場面には「ライオンが権力を使って国民を追い詰めている挿絵」が，結果の場面には「ライオンが誓約書を書かされている挿絵」が，権利章典の条文には「ライオンが檻の中で閉じ込められている挿絵」が当てはまります。この「檻」こそ，「法」であるという比喩に着目させて子どもたちに説明させ，立憲主義について話を加えてもよいでしょう。このようにして，説明中心に陥りそうな小単元の授業を，子どもたちが主体的に学ぶ授業にしていくことが可能です。

【参考文献】
・楾大樹（2016）『檻の中のライオン　憲法がわかる46のおはなし』かもがわ出版

（阿部　孝哉）

③政治　憲法

日本国憲法はいかにして制定されたか

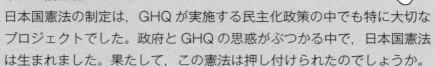

ネタ→授業化のヒント
日本国憲法の制定は，GHQが実施する民主化政策の中でも特に大切なプロジェクトでした。政府とGHQの思惑がぶつかる中で，日本国憲法は生まれました。果たして，この憲法は押し付けられたのでしょうか。

授業のねらい

日本国憲法制定の経緯を通して憲法の性質を多面的・多角的に考察します。

ネタ解説＆授業化のヒント

太平洋戦争の敗戦後，日本はアメリカを中心とする連国軍総司令部（GHQ）に占領されることになりました。日本の占領政策として，GHQは「非軍事化」と「民主化」の２つを大きな柱にしていました。民主化政策の第一歩として，GHQは日本政府に対し，大日本帝国憲法に代わる新しい民主的な憲法の制定を指示しました。大原則として憲法は，「国家権力が暴走しないように檻に閉じ込めておくためのもの」です。だからこそ，GHQは憲法の作成を政府に任せ，政府は国民の代表である有識者にその大事な仕事を委ねたのです。しかし，1946年２月１日，新聞に新憲法の原案がスクープ記事として流出しました。その見出しは，「**天皇の統治権不変！**」というものでした。

『GHQがこの見出しに激怒したのはなぜでしょうか。』という発問を通して，新憲法の性質を多面的・多角的に考察することができます。「日本が再び天皇を中心とした軍事国家をめざしていると思ったから。」「天皇の統帥権

が濫用されて戦争に突入した過ちを，全く反省していないから。」などの声が上がります。しかし，政府が最も大事にしたかったのは「国体の護持」（天皇制の存続）であったため，天皇に関する事項を大きく変更しなかったのです。この後，新憲法の制定は次のような動きで進みました。

2月3日　GHQでも，極秘のうちに憲法改正案づくりが進められる。
2月13日　GHQ作成の原案が，日本側に「提案」される。
　　　　　⇒吉田茂首相の言葉　「GHQなんか，（　①　）だ！」
◎政府は取り急ぎ，修正案の作成を進める。
3月4日　政府が，急きょ日本語で書かれた憲法原案を持ってくるようにGHQに指示される。
　　　　　⇒30時間に及ぶ翻訳会議がスタート。
・特に（　②　）に関する事項が多く削除・改変された。
・一方で，（　③　）の権利が新たに認められるようになった。
・作業終了後，担当学者が閣議で「敗北しました」と宣言。

①は，「Go Home Quickly」。GHQの原案がかなりの強制力があったことがわかります。②は，「天皇」です。この会議の中で，天皇は日本国の「symbol（象徴）」となりました。③は，「女性」です。人権条項の作成を担当したベアテ・シロタ・ゴードン氏が，「両性の本質的平等」や「社会保障」に関する条項を盛り込むことに大きな役割を果たしました。

このような経緯から，日本国憲法はGHQに押し付けられたものであるため，改正するべきだと主張する団体もあります。現在の与党である自民党はその一つです。自民党の改正草案と現行のものを比較してみましょう。

【参考文献】
・北康利（2005）『白洲次郎　占領を背負った男』講談社

（前田　一恭）

④政治　人権

「見えない障がい」って何？（平等権）

ネタ→授業化のヒント
缶バッジによる「見えない障がい」の「見える化」を通して，みんなが生きづらさを感じない社会を築く大切さについて深めます。

授業のねらい

　缶バッジによる「見える化」の取り組みや，学習障がいであったトム・クルーズとそれを支えた母親のエピソードを踏まえ，インクルージョンの社会を築くのは私たちの障がいに対する考え方であることを学びます。

ネタ解説＆授業化のヒント

　発問：缶バッジ「トリセツ！」は札幌市にある障がい者就労支援施設「就労継続支援ビルド」が企画・販売を行っています。どのような缶バッジでしょうか？

　「大きな音が苦手だと書いてあります。」「においに敏感とか，紙に書いてくださいとか，見た目からはわからない内容です。」「人ごみが苦手とかもあります。これも障がいに入るのでしょうか？」

　目が不自由であるとか，足が不自由で車いすに乗っているとか，そういった目に見えるものだけを障がいと捉え支援していくのか，もう少し広く，その人自身が生きづらさを感じていることまで含めて捉えるのかで考え方は変わります。このような一見他の人からは気づいてもらえない，しかし本人が

苦しみ，生きづらさを感じている事柄について，周りの人に知ってもらう試みが「見えない障がい」の「見える化」です。

発問：世界的なスターであるトム・クルーズですが，彼も子どものころから「見えない障がい」に苦しめられていました。それは何だと思いますか？

「集中力が長時間もたないとか？」「でもそれだと撮影に耐えられないのではないか。」「台本を読んで，セリフを覚えて演技するから，記憶力や演技力は必要なはず。」「意外にも実は人見知りとか，しゃべるのが苦手とか？」

正解は学習障がいであり，小文字のｂとｄの区別がつかないため，学校の勉強にまったくついていけなかったこと，それによって子どものころから苦しい人生を送っていたことを説明します。

「え？それじゃあどうやって俳優として活躍できたの？」「台本が読めなかったらセリフも覚えられないのでは？」

彼を支えたのは母親の存在であり，台本をすべて読み，それを覚えて演技を行っていました。もしも「見えない障がい」を理由に諦めてしまっていれば，世界的なスターは生まれていませんでした。彼が才能を発揮するためには周りの支援が不可欠であったことを踏まえ，周りの人々が「見えない障がい」を理解し，生きづらさを感じない社会を築くことが大切であることを考えさせたいです。

【参考文献】
・withnews「カワイイ缶バッジに〝意外な言葉〟見えない障害見える化する理由」（2021.12.09）（2024年1月2日閲覧）
https://withnews.jp/article/f0211209001qq000000000000000W0b810101qq000023999A
・VOGUE JAPAN　トム・クルーズが明かす，子ども時代の失読症や家庭内暴力から，俳優という仕事への愛まで【社会変化を率いるセレブたち】（2024年1月2日閲覧）
https://www.vogue.co.jp/article/tom-cruise-struggles-with-dyslexia

（行壽　浩司）

⑤政治　人権

トランスジェンダー選手の競技参加論争を分析しよう

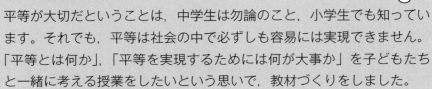

ネタ→授業化のヒント
平等が大切だということは，中学生は勿論のこと，小学生でも知っています。それでも，平等は社会の中で必ずしも容易には実現できません。「平等とは何か」，「平等を実現するためには何が大事か」を子どもたちと一緒に考える授業をしたいという思いで，教材づくりをしました。

授業のねらい

　昭和から平成，令和と時代が経過する中で，人々の人権に対する考え方は変容し，価値観も多様化してきています。人権尊重が普遍の理念となった現在における人権をめぐる論争の論点を整理する学習に取り組ませることで，社会をクリティカルに見つめる汎用的な能力を養います。

ネタ解説＆授業化のヒント
　「平等」について，深く考えさせたい授業です。子どもたちは当然，平等が大事なことは知っていますし，差別が許されないことも知っています。既知の概念についての理解を深める授業では，**子どもの思考をいかにゆさぶることができるかが**ポイントです。次の発問で，授業を始めます。

 発問：次のうち，『これは平等だ』と思うものをすべて選ぼう！

①体の大きい人も小さい人も，みんなが同じサイズの服を着る。
②力の強い人も弱い人も，みんなが同じ重さの荷物を運ぶよう指示される。

③夏休みの宿題は，勉強の得意な子も苦手な子も，同じ課題を提出する。
「①は無理でしょ。平等って，そういうことではないよね。」「②は平等じゃない？」「えっ，でも力の弱い人には負担が大きいよ。」「③は平等だよね。」

このようなつぶやきが子どもたちから聞こえてきます。これまでに何度もこの問いかけを子どもたちにしてきましたが，②には違和感を覚える子どもが多い一方，不思議なことに，③は違和感なく平等だと聞き入れられるようです。『不思議だなぁ。②と同じような気もするけど。』と，こちらもつぶやいてあげましょう。子どもたちは，自分のもっている「平等」観が不安定であることに気づき始めます（ここで，税金の「水平的公平」と「垂直的公平」の説明を加えてもよいと思います）。そこで，中心となる発問をします。

発問：米国でトランスジェンダー選手の競技参加を禁止する法案が相次いで可決されるのはなぜだろう？そして，廃案にもなるのはなぜ？

性別適合手術を受けて女性となった米国の陸上選手の写真を提示します。そして，「競技参加させるべき・させるべきでない」の主張が，それぞれどのような理由から主張されているのかを考えさせます。この課題を通して，この論争には「性の多様性の尊重」と「競技上の公平性の担保」という2つの価値の対立が起こっており，現時点で人類はこの問いのただ一つの解を見いだせていないことに気づかせます。『平等って難しいね。』とつぶやきます。

授業の最後には，東京オリンピックでローレル＝ハバードが女子重量挙げの代表選手として出場したこと等を取り上げ，真の平等を追求するために，私たちの不断の努力と知恵が必要だということを補足するとよいでしょう。

【参考文献】
・日本経済新聞「トランスジェンダーのスポーツ規制 米下院が法案可決」(2024年1月21日閲覧) https://www.nikkei.com/article/DGXZQOGN20DZD0Q3A420C2000000/

（宮本　一輝）

⑥政治　人権

「東大女子」の不遇とは？

ネタ→授業化のヒント
日本で最も有名な大学の一つである東京大学。その東大に在籍する女子学生は華やかなキャンパスライフを送り，就職先も引く手数多かと思いきや，そのようなことはなかったのです。その理由に迫ります。

授業のねらい

東大女子を通して，女性に対する偏見や社会進出の難しさを理解します。

ネタ解説＆授業化のヒント

発問：東京大学の在学生の中で，女性が占める割合は次のうちどれだろう？
【　5割　　3割　　2割　】

　正解は，「2割」です。入学する機会は男女平等であるのに対し，なぜ東大では男子学生が多いのでしょうか。その理由の一端を，サークル活動から垣間見ることができます。

発問：東大にはテニスサークルが100程ありますが，東大女子（女性の東大生）が入れるのは3つだけです。これはなぜだろう？

　「これは絶対におかしい。東大は明らかに女性を排除しようとしている。」「東大は男性が多いから，女性とお話しするのが恥ずかしいだけでは。」とい

う声に対して，次のように返答します。

『「女性」ではなく，「東大女子」を排除しようとしているのです。ほとんどのテニスサークルには，他の大学の女子学生が在籍しています。』

生徒にとっては，ますます謎が深まります。「他の大学の女子学生」と「東大女子」の違いに着目して考えさせると，次のような解答が出ました。

「女性は男性よりも弱い立場にいるべきであると考えているため。」「男性は，女性よりも学力が高くないといけないと考えているため。」

つまり，頼りがいがあって学力も高い東大女子は，男性からすると「おもしろくなく，かわいくもない」ので敬遠されてしまうのです。

東大女子の不遇は大学内だけでなく，就職活動の際にもありました。1980年代は，女性というだけで多くの企業が相手にしてくれませんでした。この状況を改善するため，1985年に男女雇用機会均等法が制定されました。この法律により，女性の就職の門戸は広がりましたが，**女性が男性中心の職場で，男性と同じように働くことが求められました。**ある省庁で勤務した東大女子は，次のような勤務実態を証言しています。

・月に（　300　）時間以上の残業があった。

・帰宅できないときは，給湯室で（　髪　）を洗っていた。

・男性と同じように働く以上，多少の（　セクハラ　）には耐えた。

学習班で（　）に当てはまる語句を考えさせると，女性が現在では考えられないほどコンプライアンスに違反した職場環境で勤務していたことを深く理解させることができます。この後，男女共同参画社会基本法（1999年）・女性活躍推進法（2015年）が制定され，現在も女性が幸せに働けるための環境整備が続いています。

【参考文献】
・秋山千佳（2022）『東大女子という生き方』文藝春秋

（前田　一恭）

⑦政治　人権

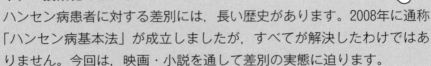

映画・小説から考えるハンセン病患者への差別

ネタ→授業化のヒント
ハンセン病患者に対する差別には，長い歴史があります。2008年に通称「ハンセン病基本法」が成立しましたが，すべてが解決したわけではありません。今回は，映画・小説を通して差別の実態に迫ります。

授業のねらい

ハンセン病患者への差別の歴史的経緯や具体的な実態を理解します。

ネタ解説＆授業化のヒント

　ジブリ映画『もののけ姫』は，世代をこえて多くの人が知っている作品です。実はこの映画に，ハンセン病患者が登場するシーンがあります。彼らはエボシが統治する集落の隔離された小屋で，石火矢（鉄砲）などの武器を製造しています。その場面を提示しながら，『彼らはなぜ隔離されているのでしょうか。』と発問します。「包帯を巻いているということは，ケガをしてその治療をしているから。」「新型コロナのような感染症にかかっているから。」「もしかしたら，差別されていたのかもしれない。」などの答えが返ってきます。彼らがハンセン病に感染していたことを説明し，この病気について次のように解説します。

　『らい菌に感染すると，末梢神経と皮膚に症状が出ます。皮膚の感覚が低下したり，運動の障がいが出たりすることもあります。症状が重くなると，指・手・足などが変形することがあります。しかし，らい菌は感染力が低く通常の免疫力をもっていれば，人から人へ感染しません。』

「皮膚などに症状が出るから包帯を巻いているのか。」「人に感染しないのに隔離するのはおかしい。」などの声に対し，この時代（室町時代）から現在まで，ハンセン病患者への差別が続いていることを説明します。下の言葉は，『もののけ姫』のハンセン病患者の長のものです。彼らが社会の中で，どのような扱いを受けてきたのかを考えさせます。

「エボシさまだけが，腐ってしまった身体を拭き，包帯をかえてくれた。エボシさまだけが，自分たちを『人』として扱ってくれた，唯一の存在なのだ。」

1907年には「らい予防法」が制定され，ハンセン病患者は強制的に「療養所」に入所させられました。そこでの生活を，小説『あん』の中で元患者である女性が次のように語っています。

- 入所時に，（　消毒薬　）の風呂に入れられた。
- 入所時の（　所持品　）はすべて没収され，「患者着」が与えられた。
- （　戸籍　）が抹消され，別のものが与えられた。
- 1947年に（　特効薬　）が開発され，所内では要求運動が高まった。しかし，声を大きく上げた者は，「重監房」に入れられた。
- 入所者どうしの（　結婚　）は認められたが，男性には（　断種手術　）を受けることが義務付けられた。

（　　　）内に当てはまる語句を学習班で考えさせれば，療養所内での生活がいかに非人道的なものであったかを理解させることができます。1996年にらい予防法が廃止されましたが，差別を恐れ，多くの元患者が地元に戻れずにいることも併せて理解させましょう。

【参考文献】
・宮﨑駿（1997年制作）『もののけ姫』
・ドリアン助川（2013）『あん』ポプラ社

（前田　一恭）

⑧政治　人権

差別防止委員会
―マイクロアグレッションを打ち破れ！―

ネタ→授業化のヒント
現代社会に残る偏見や差別をなくすために，自分の中に存在する無意識の差別性に気づくことから始めます。

授業のねらい

　日常に潜む差別意識に気づかせ，日本に残る偏見や差別をなくすために自分たちにできることは何かということを考えさせます。

ネタ解説＆授業化のヒント

　マイクロアグレッションとは日頃心の中に潜んでいるものであり，本人に差別的な意図のあるなしに関わらず，相手に差別的なメッセージを与えてしまうことで相手の心を傷つける言動のことを言います。

　Ａ：出身はどこですか？
　Ｂ：日本です。
　Ａ：日本の方ですか。日本の方はすごく礼儀正しくて，丁寧で，約束を守ってくれますよね。いつもすごいなと思っています。
　Ｂ：そうですか。ありがとうございます。

　マイクロアグレッションについて事例を交えて紹介します。この会話でＡさんは一見，日本人のことを褒めてくれているように思えますが，これは目の前のＢさんの個性や多様性に目を向けず，日本人に対する思い込みによる

発言です。また，〈〇〇人は△△でしょ？〉というメッセージは，〈△△じゃない人は〇〇人ではないよね〉という隠れたメッセージを伝えることになり，Bさんを大きく傷つけてしまう可能性があります。

活動：あなたたちは，差別防止委員会の一員です。
前に示した会話から，マイクロアグレッションだと思われる発言を指摘しましょう！

　マイクロアグレッションについて理解した後，マイクロアグレッションを含んだいくつかの会話を示します。そして子どもをグループに分け，グループにつき一つ，担当する会話を決めます。担当した会話の中からマイクロアグレッションを指摘し，その発言が相手をどのように傷つけてしまう可能性があるのかを考えます。
　この活動を行う場合は，目の前の子どもの実態に合わせて事例を選択するようにするなどの倫理的な配慮は欠かせません。
　身近な日常生活の中に潜む，マイクロアグレッションを切り口として差別問題を考えることで，日本社会に残る差別や偏見，そしてそれを乗り越えようと尽力している方々の存在について，自分事として捉えることができます。

【参考文献】
・渡辺雅之（2021）『マイクロアグレッションを吹っ飛ばせ―やさしく学ぶ人権の話』高文研

（野口　遼真）

⑨政治　人権

ストライキをしたメジャー球団がある？（社会権）

ネタ→授業化のヒント
メジャーリーグの選手がストライキを行った事例を取り上げ，労働三権がなぜスポーツ選手にも認められているのかについて深めます。

授業のねらい

選手全員がストライキを行ったために急遽素人を1人10ドルで雇って試合を行った，という事例を取り上げ，なぜ厳しいプロスポーツの世界であっても団結する権利やストライキを行う権利があるのかを考えさせます。

ネタ解説&授業化のヒント

1912年，観客のヤジに対して暴行を行ったタイ・カッブ選手に対し，メジャーリーグ機構は無期限出場停止処分という裁定を下しますが，この処分を不服としたデトロイト・タイガースの選手全員が試合をボイコットしました。監督のジェニングスは，試合ができない場合罰金5000ドルを支払わなければならないため，急遽素人を1人10ドルで雇って試合を行いました。結果は24-2で大敗しましたが，メジャーリーグ機構はタイ・カッブを10日間の出場停止処分に軽減しストライキをやめさせました。

発問：メジャーリーグにてストライキが起こった事例ですが，厳しいプロの世界であってもストライキが認められたのはなぜだろう？

「日本のプロ野球でも戦力外通告等で引退する選手がいる。」「メジャーリーグでも結果が出なければクビになってしまうのではないか。」「しかし今回の事例は観客のヤジが原因だから，メジャーリーグ機構の処分が厳しすぎたのでは？」「選手全員が試合に出なければ，メジャーリーグ機構も選手の要求を受け入れざるを得ないと思う。」

　選手一人が抗議を行っても，その選手を解雇してしまう等の処分で片づけてしまうかもしれません。しかし，選手全員が団結して抗議を行い，行動に移したことで，要求が実現しました。例えプロの世界であっても，団結する権利，団体で社長などの使用者に交渉する権利，ストライキなどの行動を起こす権利が保障されています。

　発問：日本のプロ野球でも2004年にストライキが行われました。球団の合併による球団数減少案が主な原因ですが，球団が少なくなることは選手にとってどのようなデメリットがあるのだろう？

「たくさんの選手が解雇される。」「コーチや監督，球団職員の人たちも職を失う。」「規模の縮小は他のチームにも影響が出る。」

　労働組合である日本プロ野球選手会会長の古田敦也さんが中心となって団体交渉を続け，日本プロ野球史上初のストライキも行われました。厳しいプロ野球の世界であっても「労働者」「使用者」「労働組合」という考え方が適応された事例だと言えます。

【参考文献】
・フジテレビトリビア普及委員会（2004）『トリビアの泉〈第9巻〉～へぇの本～』講談社
・RENGO-ONLINE（2023年6月20日）「個人と組織の"力"を引き出すリーダーシップ」（2024年1月2日閲覧）
https://www.jtuc-rengo.or.jp/rengo_online/2023/06/20/1380/

（行壽　浩司）

⑩政治　民主政治

映画『THE WAVE ウェイブ』と民主主義

ネタ→授業化のヒント
映画『THE WAVE ウェイブ』を視聴し，独裁政治が再び起こらないようにするにはどうしたらよいか考えさせます。

授業のねらい

　知識として全体主義と独裁政治について理解していたとしても，実際に疑似体験を行うと全体主義的な行動に陥る可能性があることを踏まえ，衆愚政治ではなく民主政治を実現するために私たち自身が考え行動することの大切さについて学びを深めます。

ネタ解説＆授業化のヒント

　映画『THE WAVE ウェイブ』とは1967年にカリフォルニア州の高校のカリキュラムで行われた授業で，「ナチスの独裁政治を繰り返さないため，実際に独裁政治を疑似体験する」という実験を行った結果，教員の思惑とは裏腹に，集団としての行動が次第に過熱していってしまったという実話を題材にしたドイツ映画です。映画の中で大学生たちは全体主義や独裁政治についての知識を理解しているのですが，独裁政治の疑似体験を行っていくと次第に集団として行動が暴走していきます。

 発問：映画『THE WAVE ウェイブ』の中で，集団として決めたルール・きまりはどのようなものだっただろう？

「発言は挙手をして、起立して行う」「リーダーを敬称で呼ぶ」「同じ制服を着る」「授業の最初に挨拶を行う」「ロゴマーク等のシンボルを作る」「自分たちのホームページを作る」「集団で同じ行動をする」

　これらのルールは学校教育や部活動にも共通するところが多く、集団としての一体感をもつ経験として、体育祭や合唱コンクールのような集団としての取り組みや、部活動のきまりといった事柄と、今回の事例との違いについて話し合い、意見を交流します。

　「一人で決める」という方法は「君主政治」としてうまく機能すれば、あらゆることがスムーズに進む政治体制ですが、権力が集中するため「独裁政治」に陥る可能性があります。少数で決める「官僚政治（貴族政治）」は優秀な少人数による合議制で決めるため一人で決めるよりもデメリットは少ないですが、やはり少数に権力が集中するため、わいろや癒着によって「寡頭政治」に陥る可能性があります。そういった歴史的な反省から多くの人々の意見によって決定する「民主政治」が理想となりますが、多くの人々が自分の目で見て、自分の頭で考えなければ「衆愚政治」に陥る可能性があります。社会科という教科は、衆愚政治に陥ることなく、自分の目で見て、自分の頭で考える市民を育成する教科であり、そうでなければ「民主政治」が実現できません。社会科という教科を学ぶ意義についても踏まえ、市民として学び、考えることの大切さについて考え、学びを深めます。

【参考文献】
・デニス・ガンゼル（2008年制作）『THE WAVE ウェイブ』
・田野大輔（2020）『ファシズムの教室　なぜ集団は暴走するのか』大月書店

（行壽　浩司）

⑪政治　民主政治
VS ChatGPT！
―フェイクニュースを撃退せよ！―

> **ネタ→授業化のヒント**
> 情報の真偽を判断し，適切に活用することができる力である情報リテラシーを，トゥールミンモデルを用いてゲーム感覚で楽しく身につけます。

授業のねらい

　情報リテラシーを正しく身につけることで，多様な視点から物事を捉え，公正な判断をすることができます。トゥールミンモデルを用いて情報リテラシーを身につけさせ，主権者としての良識ある主体的な判断力を養います。

ネタ解説＆授業化のヒント

> チョコレートを食べるとIQが上がる!?
> 日本科学技術大学の田中博士が行った調査により，毎日チョコレートを食べる子どもたちは，そうでない子どもたちよりもIQが高かったことが明らかになりました。田中博士はこの結果について，チョコレートに含まれる「フラボノイド」という成分が，脳の血流を改善し，記憶力や集中力を高める効果があるためだと説明し，チョコレートを食べることで学習能力や想像力が向上する可能性があると結論付けました。

　これはMicrosoft Bingを利用して作成したフェイクニュースです。『チョコレートを食べる人にうれしいお知らせです。』と授業を始め，このニュースを紹介します。このニュースをトゥールミンモデルの〈主張〉〈事実〉〈理

由〉〈裏付け〉の要素に分けて考えると，以下のようになります。

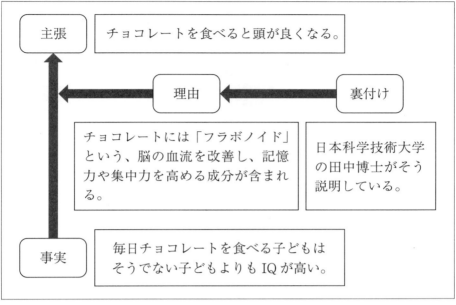

このニュースのフェイクは，〈日本科学技術大学の田中博士〉です。日本科学技術大学という大学は存在せず，田中博士の存在や同氏が行ったとされる調査もフェイクになります。また，確かにフラボノイドはチョコレートに含まれ，血流を改善する効果がありますが，田中博士の存在がフェイクなので，記憶力や集中力を高める効果があるとは言えません。

導入のニュースがフェイクであることを確認した後，同じように複数のフェイクニュースを用意します。そしてグループごとにトゥールミンモデルを用いて，フェイクニュースを看破させます。

【参考文献】
・Toulmin, Stephen E.（1958・2003）『The Uses of Argument』Cambridge University Press

（野口　遼真）

⑫政治　国会

国会ゲーミング・シミュレーション

ネタ→授業化のヒント
国会での法案審議の様子をゲーミング・シミュレーションとして体験することで，民主政治の在り方についてより深く理解させます。

授業のねらい

多数派のもつ統治の権利と，少数派のもつ，自らの見解を主張し，その主張に耳を傾けてもらう権利のせめぎ合いを法案審議の中で体験することで，多数決の在り方や政党の役割について理解させます。

ネタ解説&授業化のヒント

子どもは国会議員として，与党・野党のリーダーとしてゲームに参加します。自らの政党の所属議員を〈国会対策係〉〈議院運営係〉〈質疑通告書／答弁書作成係〉に振り分け，政党ごとに与えられた目標の達成をめざします。

ゲームの流れ
(1)自分の政党を確認する（与党か野党Ａ，Ｂのいずれか）。
(2)所属議員を〈国会対策係〉〈議院運営係〉〈質疑通告書／答弁書作成係〉
　のいずれかに割り振る。
(3)係に割り振られた人数の大小で，勝敗を決める。

このゲームでは，10人１グループを作ります（与党が４人，野党Ａが３人，野党Ｂが３人）。所属議員の割り振りを与党は24人，野党Ａは10人，野党Ｂ

は6人とします。与党の目標は〈効率よく法律を成立させる〉，野党（A，B）の目標は〈話し合いに時間をかけて法律案の成立を阻止する〉です。

　与党・野党の勝利条件と，各係でのルールは，以下の通りです。

与党・野党（A，B）の勝利条件	国会対策係で決めること
	「国会で1つの法律案について何日間話し合うか」
与党→国会対策係：議院運営係：質疑通告書／答弁書作成係	①話し合いの日数は「1日」「3日」「5日」
「1日」：「3回」：　　　「事実確認」	②割り振られた人数によって，結果が変化する
	与党 ＞ 野党A，Bの合計 →「1日」
野党→国会対策係：議院運営係：質疑通告書／答弁書作成係	与党 ＜ 野党A，Bの合計 →「3日」
「5日」：「3回」：「多様な視点からの指摘」	与党 ＜ 野党単独　　　 →「5日」
議院運営係で決めること	質疑通告書／答弁書作成係で決めること
「国会で どの政党が 何回 発言することが できるか」	「国会で どんな質問を するのか」
①発言回数は「1回」「2回」「3回」	①割り振られた人数によって，結果が変化する
②割り振られた人数が　多い順に決まる	与党 ＞ 野党A，Bの合計 → 「事実確認」
議員数1位 →「3回」	与党 ＜ 野党A，Bの合計 → 「法案の指摘」
議員数2位 →「2回」	与党 ＜ 野党単独 → 「多様な視点からの指摘」
議員数3位 →「1回」	

　与党の勝利条件を満たせば，法律案は無修正で可決します。野党の勝利条件を満たせば，法律案は否決されます。

　ゲームを実施した後は，振り返りを行います。子どもからは「思い通りにできた！」「与党が強すぎて何もできなかった。」などの意見が予想されます。そこで『このゲームの問題点はどこにある？』『このゲームの何を変えたら，その問題点は解決できそう？』と働きかけます。そして多数決で物事を決める場合，多様な意見に耳を傾けてその意見を尊重することが大切であり，政党は多様な意見を政治の場に表す役割を担っていることを理解させます。

【参考文献】
・茅野千江子（2015）『議員立法序説』国立国会図書館

（野口　遼真）

⑬政治　裁判所

司法制度改革
―イメージマップで問題点と対策を整理しよう―

ネタ→授業化のヒント
ブレーンストーミングで多くの意見を挙げさせる際に，イメージマップは有効に活用できます。今回の授業では，イメージマップの使い方にひと工夫を加えることで，学びをつなげて知識を整理しやすくします。

授業のねらい

　近年進められている司法制度改革と，日本の司法をめぐる諸課題の関連性に気づかせ，司法制度改革について論理的に説明できる力を育みます。

ネタ解説＆授業化のヒント

　前時の授業では，NHK for School「昔話法廷『三匹のこぶた』」を使用し，裁判員裁判を疑似体験する模擬裁判を行ったものとします。そこで本時の授業では，導入の課題として，「**裁判員制度○×クイズ**」を行います。

 発問：次の各文の内容は，正しい？それとも正しくない？考えてみよう！

〈問題例〉※5～8問程度のクイズをするとよいでしょう。
・裁判員が参加するのは，比較的罪が軽い事件の裁判である。（×）
・裁判員に選ばれたことを会社に話すと，守秘義務違反で罪になる。（×）
・裁判員は，罪の有無だけでなく，量刑についても判断する。（○）
・これまでに，裁判員裁判が死刑の判決を出した判例がある。（○）
裁判員裁判が2009年に導入されたことに注目させ，次の指示をします。

Chapter3 見方・考え方を鍛える！学びを深める「政治」授業ネタ

活動：日本の司法をめぐる課題について，ウェビングして考えよう！

　子どもたちは，教科書や資料集をもとに，「日本の司法をめぐる課題」を主題とした**イメージマップ**を作成します。法曹人口が少ないことや，裁判に時間や費用がかかること，国民にとって裁判が身近に感じられにくいことなどが挙げられると思います。さて，今回のウェビングのポイントは，ここからです。下図の見本にならって，**それらの課題を解決するために取り組まれている改革や解決に向けた手立てを，赤丸で付け加えさせます**。これにより，例えば，「法曹人口が少ない」→「法科大学院の創設」「法教育の充実」というように，挙げられた課題に対してどのような制度改革が行われているかがつながるまとめを，一つのシートに作り上げることができます。

　最後に，仕上がったイメージマップをもとに文章を書かせます。主題は，「現在の日本において，どのような司法をめぐる課題があるか，またその課題の解決のためにどのような司法制度改革が行われているか」です。イメージマップで挙げたことを生かすと，具体的かつ論理的な文章が書きやすくなります。

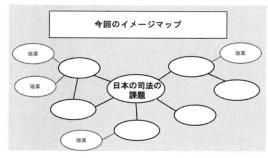

　このように，様々な活動場面でよく使うイメージマップも，ひと工夫を加えることで，論理的思考力を鍛えるツールとして使用することができるでしょう。

【参考文献】
・最高裁判所「裁判員制度Ｑ＆Ａ」（2024年1月21日閲覧）
　https://www.saibanin.courts.go.jp/qa/index.html

（宮本　一輝）

⑭政治 地方自治

町長に意見文を送ろう！

ネタ→授業化のヒント
民主主義の学校と呼ばれる地方自治，この単元で実際に町長に意見文を送ることで，教室内で学びを終えず，子どもたちの地方自治への参加を促します。

授業のねらい

　地方自治は，子どもにとって，政治や社会とのつながりを身近に感じられる単元です。地方自治のしくみを学んだうえで，自分の地域の課題や今後について考えます。そして，学びを教室内だけで終わらせるのではなく，実際に社会参加を促していきます。

ネタ解説＆授業化のヒント
　導入では，吉幾三『おら東京さいぐだ』を流し，2017年に放送された「水曜日のダウンタウン」で，歌詞シンクロ率40％を超える村が日本にあることを紹介します。一方で，東京の満員電車の画像を提示し，日本には多様な地域が存在し，それぞれで課題が違うこと，そのため地方ごとに政治を進めていくことが重要であることを説明します。そして前もって，この単元の最後には，実際に町長に対して，町の課題に関する意見文を送ることを伝えます。

 活動：現状で感じている町の課題，町への要望を考えよう！

　授業は，自分の現状の考えを書く機会，クラスメイトの考えを聴く機会に

Chapter3 見方・考え方を鍛える！学びを深める「政治」授業ネタ

します。そして宿題で，家庭の人や地域に住んでいる人に対して取材をしてくるように伝えておきます。これを集約し，全体に共有します。

 発問：地方自治体はどんな仕事をしているだろう？みんなの意見は町の仕事？

教科書を使用しながら，国・県・市町村の役割分担や地方自治のしくみについて学んでいきます。そして，前授業で全員から集めた町への要望を見て，市町村が行うものとそれ以外のものを分類していきます。

 活動：自分が住んでいる町の財政の課題を指摘しよう！

地方財政のしくみや課題を学んだ後に，パソコン等で実際に自分が住んでいる町の財政状況を見てもらいます。各町の広報誌等にわかりやすくまとめてくれている場合があるので，それを使ってもよいでしょう。他の自治体との比較もしながら，町の財政の課題を指摘します。

 活動：どの政策を優先すべきだろうか？話し合おう！

資金には限りがあるため，1時間目に考えた町への要望から，どの政策を優先すべきなのか，どのような分野を優先すべきなのか，町の実態を踏まえながら，グループやクラスごとに話し合ってもらいます。

 課題：町長に意見文を送ろう！

意見文の中から，どれを出すべきか理由とともに投票させ，選ばれた意見文を町長に提出します。実際に行動を起こせば，学びの満足感が高まるでしょう。

（玉木　健悟）

⑮政治　地方自治

「令和の大合併」はある？ない？
トゥールミンモデルで意見表明！

ネタ→授業化のヒント
子どもが「授業で教師が教えたい内容」を使って問題を解決するような課題提示ができれば，生きて働く知識を習得する，子ども主体の授業ができると考えています。今回の授業は，課題解決のため，地方財政についての情報を集め，活用する必要が生じるように設計しました。子どもが「問いを発見する」ようにしかけた導入も，ポイントの一つです。

授業のねらい

　これまでに見られた地方自治体における財政上の課題とその解決に向けた取り組み事例，また地方自治体が今後直面しうる問題や取り巻く社会情勢等について調べてまとめ，「令和の大合併」があるかどうか，根拠にもとづいた意見を表明することを，授業のめあてとしています。

ネタ解説＆授業化のヒント

　はじめに，教室の子どもたち全員に大阪府の白地図（市町村境界が入ったもの）を1枚ずつ配付します。そして，次のように発言します。

　発問：先ほどのプリントですが，何枚か誤って印刷したものを混ぜて配ってしまいました。お互いのものを見合って，探してみてください。

　子どもたちに配付するプリントにはあらかじめ細工をしておきます。全体のうちの何枚かだけ，現在の大阪府のものでなく，南河内郡美原町が堺市に

合併された2005年より前のものを混ぜておくのです（子どもが関心をもちやすいように，ご所属の都道府県の白地図を使われるとよいでしょう）。子どもたちは互いの地図を見比べる中で，教室内の数名だけ，町の数が１つ多い地図を持っている人がいることに気づきます。「あれっ，この市の形がちがうよ？」「あっ，○○さんの地図だけ市が１つ多い。」『よく気づいたね。では，どちらが現在の大阪府でしょうか？』と語りかけて注目を集め，昭和，平成の時代にいわゆる「大合併」と言われるような市町村合併が進んだことを解説します。尚，その理由や背景については，ここではあえて詳説しません。そのことも後の活動の中で子どもたちに調べさせたいからです。『昭和，平成には，"大合併"がありました。令和にもあるのでしょうか？』

活動：「令和の大合併」の有無について，根拠を示して意見表明しよう！

　説得力のある主張を作るために，トゥールミンモデルを使うように指示します。今回の課題では，結論を「『令和の大合併』はある／ない」のどちらかとして，その根拠となる事実をインターネットや資料集などから集めてまとめさせます。意見づくりにあたり，なぜ昭和や平成の時代には「大合併」があったのかを調べさせます。実際に合併が行われた近隣の自治体の財政状況を調べさせるのも有効です。また，まちづくりの視点など，地理的分野の既習事項などを想起させるのもよいと思います。この学習課題に対して，例えば，防災や医療の広域センター機能，過疎地域の人口減少，限界集落の増加などに注目して，今後も大合併は「ある」と結論づける子どもがいます。反対に，国から地方への税源移譲がこれまでに一定程度進められたこと，グローバル化の進展やリモートワークの影響等で地方の再活性化が進むことなどを理由に，令和の大合併は「ない」と結論づける子どももいます。調べた地方自治についての情報が活用され，生きて働く知識となることでしょう。

（宮本　一輝）

③ 「深めるネタ」のポイント

　「深めるネタ」は，教科書内容に加えて，より概念的な理解，社会状況の理解，多面的・多角的な理解などを促すことを目的とした授業ネタです。

１．因果関係

　子どもたちが「どうして？」と考えたくなり，そこから社会のしくみの理解に迫るネタが有効です。例えば，「どうして同じ商品なのに，場所によって価格がちがうの？」と問うことで，価格の決まり方に影響を与える，希少性や販売コスト，需要と供給の関係，また買う側の費用対効果などが関わっていることを理解できます。そして，他の事例に応用することで，見方・考え方を鍛える学習となります。

２．多面的・多角的

　公民の学習では，論争となっている問題を取り上げることで，多面的・多角的な学習につながります。例えば，地方財政では，「ふるさと納税の返礼品に規制をかけるべきか」と問うことで，地方財政のひっ迫した状況とそれに対する打開策としての取り組みと，競争激化によるデメリットの両面から考え，より良い解決策を考えることができます。

（梶谷　真弘）

Chapter 4

見方・考え方を鍛える！
学びを深める
「経済」授業ネタ

①経済　市場経済

モノの価格ってどう決まる？

ネタ→授業化のヒント
きゅうりの価格は季節ごとに大きく変わります。しかし，アイスの価格は安定しています。両方，夏が「旬」と思えますが，そのちがいを考えることで需要と供給の基本が学べます。

授業のねらい

　価格は基本的には需要と供給の関係で決定します。夏が旬のきゅうりは，夏に供給量が増えるため，価格が下がります。一方で，アイスは供給量を一定に保つことができるため，価格が一定です。しかし，子どもたちは，「アイスの供給が夏に増える」など，誤解することもあります。市場経済の基本を学んだ子どもたちをミスリードに誘うことで，学びを深めるところがポイントです。

ネタ解説＆授業化のヒント

　需要供給曲線の基本について学んで後に実施します。まず，夏と冬のきゅうりの値段のわかる写真を提示しましょう。地元のスーパーなどの写真を撮っておくのがオススメです。

 課題：きゅうりは夏の方が安い。この変化を需要供給曲線で表そう！

　ワークシートに基本的な需要供給曲線を示しておきます。価格が安くなるという変化をグラフ上に表現させてみましょう。供給曲線を右へシフトさせ

た図になります。こうして均衡価格は下がります。「需要と供給の変化によって，均衡価格は変化する」ということを押さえましょう。きゅうりの価格は夏に下がり，冬に上がるということをグラフで確認しましょう。

課題：では，アイスの価格はどう変化するでしょう？
アイスの価格をグラフにしよう！そうした理由も書こう！

夏の価格を上げたり，冬の価格を下げたり，いろんなグラフが出てきます。しかし，正解はもちろん一定です。一次産品以外のものは生産量が調整しやすいため，価格が安定しています。厳密に言うと，現代では大企業が販売価格を決定しているというのが一番の理由ですが，価格を安定させることができるのは生産量が調整可能だからと言えます。

発問：アイスときゅうりのちがいはなんだろう？

きゅうりの生産量は気候に左右されやすいため，旬の夏には価格が下落します。反対に冬は生産量が減少するため価格は上昇します。アイスは工場で作られ，比較的，生産量の変化が少ないため，価格も安定しています。

ただし，アイスなどであっても，原材料費が上がった場合，同じ資金での生産量が減少します。供給曲線が左にシフトし，均衡価格は上昇します。こうしたその他の変化を考えてみるのもおもしろいです。また，『きゅうりの価格を安定させるにはどうしたらいいかな？』と投げかけてみましょう。最近では工場で植物を育てることも増えてきています。こうして近未来の姿を紹介することは，子どもたちが社会の変化にも興味をもつ機会になるでしょう。

（西田　義彦）

②経済　企業
スタバとファミマから考える流通

ネタ→授業化のヒント
流通について，山陰地方への進出をしてこなかったスターバックスコーヒーと船橋駅周辺に密集しているファミリーマートといった事例を取り上げて子どもに疑問をもたせ，授業への関心を惹きつけます。

授業のねらい

スターバックスコーヒーとファミリーマートの経営戦略を通して，企業の流通における工夫を理解します。

ネタ解説＆授業化のヒント

本実践は，行壽氏の実践を一部参考に，再構成したものです。
クイズから授業を始めます。
『（スターバックスコーヒーのロゴを提示して）どこの企業？』「スタバ！」
『スターバックスコーヒー。すべての都道府県にある。○？×？』
「（当てはまる方に挙手）」
『正解は○です。それでは，初出店が最も遅かったのは何県？』
「沖縄県？」「青森県？」「鳥取県？」
『鳥取県です。そんな鳥取市は○○の消費量で日本一になったことがあります。』「コーヒー？」『その通りです。』
『なぜスターバックスコーヒーは鳥取県に出店してこなかったのだろう？（中国地方の高速道路網と人口分布の地図を提示して）この地図を参考に考えてみましょう。』

「人口は少ないね。」「京阪神の大都市圏から離れているから商品の輸送も不便なのかな。」

『同じお店が周辺にない場所にお店を建ててしまうと，輸送に時間や費用がかかってしまい，かえって損失が多くなってしまうので，今までは出店をしてこなかったということですね。』

併せて，プライベートブランドやPOSシステム，卸売業者を介さない商品の販売等，流通面の工夫を教科書で確認します。そのうえで，まとめとして以下の問いを投げかけます。

『(Google Mapを提示して) 千葉県の船橋駅周辺にはある施設が密集しています。』「コンビニかな？」

『ファミリーマートです。駅から半径500m圏内に14店舗近くあります。なぜ密集しているか説明してみましょう。』

いわゆる「ドミナント戦略」です。出店地域を密集させることで，商品の輸送にかかる時間と費用を短縮できるといった流通の工夫を読み取ることができます。

【参考文献】
・行壽浩司「生徒熱中‼ご当地クイズから深める地理学習」『社会科教育2018年11月号』明治図書
・マイナビニュース「スターバックス，島根県に初進出！残る未出店の都道府県は…あの県のみ」(2024年3月20日閲覧)
https://news.mynavi.jp/article/20130325-starbucks1/
・tenki.jp「「コーヒーの聖地・鳥取」は，なぜ，コーヒー購入額が全国トップなのか？」(2024年3月20日閲覧)
https://tenki.jp/suppl/y_kogen/2016/10/03/15991.html
・Rocket NEWS24「【乱立】JR船橋駅前の半径500m圏内で「ファミリーマート」が尋常じゃない密集具合！全店舗を回ってみたらこうだった」(2024年3月20日閲覧)
https://rocketnews24.com/2021/06/14/1502730/

(阿部　孝哉)

③経済　消費者
消費者被害と政府の取り組み
―こんにゃくゼリー裁判―

ネタ→授業化のヒント
消費者被害を防ぐためには，生産者の企業努力だけでなく，消費者自身や政府の働きかけが必要であることを，こんにゃくゼリーを食べた1歳の男児が，窒息して死亡した事件の裁判をロールプレイで追体験することを通して学習します。

授業のねらい

　消費者被害を防ぐために，消費者・生産者・政府がすべきことをそれぞれの立場で考え，まずは消費者として行動に移す力をつけさせます。

ネタ解説＆授業化のヒント

　『(一部を隠したこんにゃくゼリーの写真を提示して) この隠された部分にはどんな絵が描かれてあるでしょう？』「(食べた経験や予想をもとに絵を描く)」『(答えを提示した後) では15年前はどうだったかというと…。』
　「文字だけで注意されている。」「とても字が小さい。」
　『なぜ，この企業は注意の表示を大きく・わかりやすくしたのだろう？』
　「国から注意された。」「ゼリーを詰まらせた人がいたのかな？」
　『そうです。1歳の男の子がこんにゃくゼリーをのどに詰まらせて亡くなってしまう事故がありました。この子の保護者は企業を相手に裁判を起こしたのだけど，勝ったと思う？負けたと思う？』
　「(当てはまる方に挙手)」『この裁判では負けてしまいました。』「なんで？」
　『原告が負けてしまった理由と，このような事故を防ぐために国や企業が

どのようなことをしているか，勉強していきます。』

その後，ワークシート等を用いてPL法について学習します。子どもは「なぜ企業側が過失であっても責任を負わないといけないのに，今回の裁判で保護者は敗訴となってしまったのか」について疑問をもつことが想定されます。そのうえで，「裁判官」「原告（保護者）」「被告（企業）」の３者に分かれて本裁判のロールプレイをします。原告と被告の主張は以下の通りです。

原告
・こんにゃくゼリーは危険な食べ物であるのに注意喚起が不十分。
・注意喚起の表示が小さく手で持つところにあったので，気づきにくい。
・ゼリーの容器はゼリーが飛び出てきやすく窒息の危険性が高い。

被告
・注意表示は法律にもとづいていた。
・ゼリーが急に飛び出てきたのは，ゼリーを凍らせて与えていたからで，容器には工夫がしてある。
・ゼリーを与えた後，周囲に大人がいなかった等の管理の問題が大きい。

ロールプレイ後に，以下のように問います。

発問： この事故はだれがどうすれば防ぐことができただろう？

企業の表示の工夫，消費者の危機管理，政府の広報など，商品に関わるすべての人の意識が消費者被害を減らすことにつながっていることを学習できます。

【参考文献】
・神戸地方裁判所姫路支部（2010）『平成22年11月17日 神戸地方裁判所姫路支部 平成21年（ワ）第278号 損害賠償請求事件』裁判所

（阿部　孝哉）

④経済　金融

資産運用をシミュレーション！

ネタ→授業化のヒント
新NISAが2024年からスタートし，個人での資産運用の重要性が主張されています。現代ではネットの発達により，大人よりもこうした情報に詳しい子どももいます。正しい知識を楽しく身につけましょう。

授業のねらい

「資産運用」というと「ギャンブル」と結びつけてしまう方もまだいらっしゃるのではないでしょうか。我々が過ごした30年間ほとんどインフレのない日本はレアケースです。インフレも考慮に入れて，「預貯金のみ」では資産が減っていってしまうという現状から，正しくリスクを取る必要性を子どもたちにももたせます。

ネタ解説＆授業化のヒント

活動： みなさんは100万円の余裕資産ができました。
これから15年間を過ごしてみましょう！一番豊かな暮らしができるのはだれでしょうか。

1年間を1ターンとして15ターン程度行います。そして余裕資産の運用方法として，①「〇〇銀行に預金」②「老舗企業の株式投資」③「新興企業の株式投資」④「全世界型の投資信託」の4つを提示します。そして，例えば次のように割合を示します。

	①預金	②老舗企業	③新興企業	④投資信託
1	＋0.001％	＋3％	＋1％	＋5％
2	＋0.001％	±0	－10％	＋1％
3	＋0.001％	－3％	＋1％	－5％
4	＋0.001％	＋5％	＋15％	＋7％
5	＋0.001％	＋1％	－3％	＋2％
6	＋0.001％	－1％	＋3％	－2％

　そして，子どもたちは可能であれば100万円を4つに割り振ります。時間がなければ，全額をどのように運用するか，でもかまいません。その後，代表の子どもにさいころを振らせ，出た目の割合で資産を変化させていきます。電卓を使えばだれにでも可能でしょう。2回目の処理の際には，『投資で重要な考え方があります。複利です。かのアインシュタインが人類最大の発明は複利である，と言ったほど重要ですよ。』と伝え，単利と複利のちがいを説明します。もちろん，今回はすべて複利計算させます。
　15ターン終わったところで，それぞれの資産を比べていきます。

残った資産でどのくらい生活できるでしょうか？1人暮らしの1か月の生活費が約15万円です。…おっと，これは現在の価値でした…。モノの値段はこれから15年間で上がる予測がされています。（2％を15回かける）20万円必要になりました。これをインフレと言いますよ。

　何か月分生活ができるかを最後に計算させます。遊びの最後には，「会社には実際には倒産のリスクがあること」も伝え，正しい情報を得る大切さを実感させましょう。

（西田　義彦）

⑤経済　独占

電卓から考える独占と寡占

ネタ→授業化のヒント
説明中心に陥りがちな独占と寡占についての授業を，電卓の製造会社が減った例と，公正取引委員会が発行しているパンフレットを用いて，活動的かつ学習内容の整理がしやすいよう工夫します。

授業のねらい

　企業が競争をすることで消費者が得られる恩恵や，企業が競争を行わないことで消費者が受ける損失を，具体例を用いてわかりやすく説明します。

ネタ解説＆授業化のヒント
　クイズから授業を始めます。
　『(約60年前の電卓の写真を提示して) これは何でしょう？』
　「昔のパソコン。」「昔のゲーム機？」「レジじゃないかな？」
　『スマートフォンにもこの機会と同じ機能が含まれています。』「電卓だ！」
　1964年に日本で初めて発売された電卓は，重さは約25kg，価格は50万円前後でした。他にも，電卓の製造に着手した企業は約50社あったと言われています。
　『(写真を提示して) 今の電卓と比べて違うところは？』
　「1000円あれば買える。」「片手で持てるくらい軽い。」
　『なぜ電卓は，軽く安くなったのだろう？』「電卓を造る技術が進んだ。」
　『理由の一つだね。今日本で電卓を造っている企業は50社よりも…。』
　「増えた。」「減った。」

『減りました。なぜ電卓を造る企業の数は減ったのでしょう？ヒントは教科書に書かれてある漢字２字の熟語です。』「競争？」

『その通りです。企業が競争するとはどういう意味か，学習していきましょう。』

この後，河原和之氏の実践である，又吉直樹氏著『火花』の一文を用いて，企業が競争する正の影響（消費者がより良い財・サービスを消費できるようになること等）について学習します。また，競争に敗れた会社はその事業から撤退することが多いです。電卓の業界でも同様のことが起きたと説明します。そのうえで，次は，競争が行われない場合，いわゆる「独占」「寡占」の状況について学習を進めます。

『（公正取引委員会が発行しているパンフレットの一部を隠した絵を提示して）競争がない社会の様子を表している絵です。吹き出しの空欄に入る語句を考えよう。』（ペアや班で相談）

『（答えを提示し）独占や寡占が起こるとどのような損失がある？』

「商品の価格が不当に上がる。」「でも商品の質が上がらない。」

まとめとして，電卓を用いて企業競争の意義や独占・寡占が生活に与える影響等を電卓の事例を用いて説明するなどの課題が考えられます。

【参考文献】
・SHARP「液晶電卓開発物語｜液晶の世界」（2024年3月20日閲覧）
　https://jp.sharp/products/lcd/tech/dentaku/story.html
・Get Navi WEB「約50年前の「電卓戦争」をカシオとともに振り返る――なぜカシオは生き残ったのか？」（2024年3月20日閲覧）
　https://getnavi.jp/digital/249650/
・河原和之（2021）『100万人が解きたい！見方・考え方を鍛える　中学歴史ワーク』明治図書
・公正取引委員会パンフレット（2023）『わたしたちの暮らしと市場経済～公正取引員会の役割～』公正取引委員会（2024年3月20日閲覧）
　https://www.jftc.go.jp/houdou/panfu_files/shijyoukeizai_R5.pdf

（阿部　孝哉）

⑥経済　金融

物々交換ゲームで貨幣と金融の役割を学ぶ

ネタ→授業化のヒント
説明中心に陥りがちな貨幣及び金融の役割を，カードゲームを通じて体感的に学習します。

授業のねらい

カードゲームを通して貨幣及び金融の役割を説明できるようにします。

ネタ解説＆授業化のヒント

物々交換ゲームは以下のような設定を周知し，右頁のような食材カード・または加工品カードを作成・配布して始めます。

- ・みなさんは今配布したカードの食品の生産者です。
- ・同じ食べ物ばかりの食生活に飽きました。
- ・ほしい食品を手に入れるために物々交換の旅へ出ることにしました。
- ・ほしいものを手に入れられるか交渉してみましょう。
- ・カードの上部に書いてある食品と交換してくれる人を学級内で探し回ってください。

　子どもたちは学級内を探し回り，2分ほどの時間で物々交換できる相手を探します。物々交換では，思うように交渉するのが難しいことがわかります。
　そこで，一人につき100円～400円の貨幣カードを配布し，必要に応じて使用してよいというルールを追加します。その上で，再度商品の交換ないしカ

ードに書いてある値段を参考に取引をさせます。2回のゲームを通じて感じたことを共有します。

「貨幣があった方が,取引がスムーズだった。」「お金があることで商品の価値がわかった。」などの意見が出てくることが想定されます。

このうえで,貨幣がもつ3つの機能（価値尺度機能,交換・支払い手段機能,価値貯蔵機能）を理解することができます。

また,このカードを用いて金融についても学習できます。子どもに以下のような設定を周知し,加工品カードまたは札束カードを配布して始めます。

・加工品カードを持っている人は,商品の生産率を上げる目的で,新しい機械を導入するため,お金が必要です。札束を持っている人にお金を借りられるか交渉してみてください。

・札束を持っている人は,お金に余裕ができたという設定で,渡しています。だれかがお金を貸してくれないか交渉に来ます。その人の話を聞いたり質問したりしてお金を貸すか,貸さないか判断してください。

このタイミングで,教師は教卓の前で銀行役を担います。子どもにお金を貸してほしい理由等を聞き,お金を貸す・貸さない,の判断をします。

ゲームを終えたうえで,今子どもたちが経験したことは「手持ちの資金に余裕がある人から余裕がない人にお金を貸す」ことであり,金融ということ,金融には直接金融,間接金融があること,企業はより高性能・高品質の財やサービスが提供できたり,家計が苦しい家族を救ったりすることが可能になる点で,大きな役割を果たしていることを説明しやすくなります。

食材カード

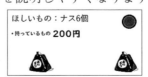

加工品カード

(阿部　孝哉)

⑦経済　働き方

バラエティあふれる○○休暇

ネタ→授業化のヒント
「労働環境の変化」の学習を「もし自分が経営者なら…」という視点を取り入れることで主体的に学習を進められます。

授業のねらい

　様々な休暇制度が導入されたこと，年功序列賃金制から成果主義を取り入れる企業の存在などの労働環境の変化を理解し，その利点を説明できるようにします。

ネタ解説＆授業化のヒント

　日本には，以下のような理由での休暇を認めている企業があります。

- ・「失恋」休暇…失恋を原因とするショックで立ち直れない・出勤したくないときに仕事を休むことができます。
- ・「推し活」休暇…推しのタレントやアイドル，キャラクターの誕生日や記念日に仕事を休むことができます。企業によっては5000円の活動費が支給される場合もあります。
- ・「推しロス」休暇…推しのタレントやアイドル，キャラクターに何かがあり仕事に集中できない場合，仕事を休むことができます。
- ・「二日酔い」休暇…酒を飲みすぎた翌朝，仕事を休むことができます。

86

授業の導入部で，このような休暇に関するクイズを出題し，子どもの関心を惹きつけます。一見，「そんな理由で仕事を休んでいいの？」と思われるようなことが認められるようになったのは，ここ数年の話であり，労働環境が変化していることを理解できます。

そのうえで，他に労働環境にどのような変化が生じたのか，教科書の記述を参考に，年功序列型賃金や成果主義などの賃金の形態に関する変化，非正規雇用やフリーランスなどの主要な雇用形態の変化，テレワークや変形時間労働制，ワークシェアリングなどの働き方に関する変化があることを学習します。そのうえで，以下のように問いかけます。

活動： もしもあなたが社長なら，経営する企業にどのような制度を導入したい？
理由も含めて企業を紹介する広告をつくろう！

この活動では，子どもが選んだ制度の良し悪しを判断するのではなく，なぜ導入しようと考えたかを説明できるかが大切です。選んだ制度を導入することで，労働者にとってどのような正の影響が及ぶか，推測し考えることで，将来子ども自らが就職する際の企業を選ぶ軸を作ることができます。

【参考文献】
・株式会社サニーサイドアップ「32の制度」（2024年1月6日閲覧）
　https://www.ssu.co.jp/corporate/32rule/
・株式会社ジークレスト「UNIQUE SYSTEM」（2024年1月6日閲覧）
　https://www.gcrest.com/recruit/unique-system/
・TRUSTRING「トラストリング株式会社採用ページ【黄】」（2024年1月6日閲覧）
　https://trustring.jp/recruit/04.html

（阿部　孝哉）

⑧経済　労働者の権利

令和版「労働十権」を考えてみよう

ネタ→授業化のヒント
子どもたちの多様なアイデアを授業に生かすことができるとよいなと，いつも考えます。この授業では，社会の実例からヒントを得つつ，子どもたちの自由な発想と現代における社会課題をリンクさせながら学びを深めさせられるよう，学習課題を考えました。

授業のねらい

　日本国憲法における労働三権の保障および労働三法について知るとともに，多様化する現代の労働・雇用をめぐる課題を解決する手立てを考え，実社会への関心や社会課題の解決に向けた意欲をのばすことをめざします。

ネタ解説&授業化のヒント

　はじめに，歴史的分野の既習事項を生かしたクイズで子どもたちの関心を集めます。富岡製糸場の絵を提示し，次のように問いかけます。『この工場が操業を開始した当時に関するクイズです。①この工場になかったものは，何でしょう？②この工場の従業員の労働時間は，何時間だったでしょう？』

　①の答えは「**電灯**」，②の答えは「**8時間**」です。官営の模範工場として操業を開始した当初は，とても"ホワイト"な企業だった富岡製糸場。ところが，電灯が普及して工場の稼働時間は延びていき，1893年に民間に払い下げられた数年後には，従業員の平均労働時間が12時間にもなっていたと言われています。日本においても産業革命期に労働環境が劣悪化し，労働運動が高まったことを踏まえ，戦後に日本国憲法で労働者の権利が保障され，労働

88

三法が制定されたことを伝え，次のように話して学習課題を提示します。

『労働三権が保障されるようになった現在でも，労働・雇用をめぐる問題の発生は後を絶ちませんよね。どうやら「三権」では足りないみたいなので，今日はみんなで，「労働十権」を考えてみましょう。』

活動：従業員の『労働十権』を保障してくれる，『超ホワイト企業』の取り組みを考えてみよう！

　子どもたちは，班で意見を交わしながら学習に取り組みます。まずは，**「あなたがほしい労働十権」**を考えさせてみましょう。「遅刻しても許してもらえる権利」「子連れで出勤できる権利」という具合に，思いつくだけたくさん回答させ，自分たちの将来の姿を想像させます。「休みがいっぱいの会社で働きたいな。」「週休３日制とか？」「サービス残業は絶対に嫌だな。」「残業手当って，法律ではどのくらい貰えることになっているんだろう？」『法律上の規定についても調べてみよう。あと，名前を知っている企業が行っている取り組みについて調べてみてもいいかもね。』このように，机間指導をしながら子どもたちと対話します。ICT機器を活用させ，**実際の企業の先進的な取り組み事例などを参考にさせてみるのもよいです。**子どもたちは，インターネット上の情報も参考にしながらアイデアを膨らませ，「フレックスタイム制の導入」や「リモートワークの出張扱い」，「ワーケーションの推進」，「希望する施設の優待利用券の配付」，「推し活のための休暇制度」など，実社会のニーズに合わせた制度やユニークなアイデアをたくさん出してくれるものと思います。その活動の中で，子育て支援の充実化や，趣味を楽しむ時間の拡充といった，**価値観の多様化した現代にマッチする発想の必要性**にも気づいていきます。最後に各班のアイデアを共有し，どの班の会社で働いてみたいかを挙手投票させると，きっとおもしろいでしょう。

（宮本　一輝）

⑨経済　雇用

ジョブ型雇用は日本人を幸せにするのだろうか？

ネタ→授業化のヒント
近年，日本では仕事内容を明確に示したジョブ型雇用が広まりつつあります。ジョブ型雇用によって日本人は幸せになるかを考えます。

授業のねらい

　現在，従来の終身雇用や年功序列型賃金などいわゆる日本型雇用から仕事のスキルを重視したジョブ型雇用への転換が進みつつあります。多様な働き方について考え，将来自分たちが働くうえでジョブ型雇用がどのような影響を与えるかを学びます。

ネタ解説＆授業化のヒント

　経団連による日本型雇用の見直しについてのニュースを動画で視聴します。終身雇用や年功序列型賃金の制度について簡単に説明し，なぜこのような制度の見直しが図られているのかを考えます。

　発問：従来の日本型雇用にはどのような問題があるのだろう？

　「長時間労働による過労死」「少子高齢化による労働者不足」「正規雇用と非正規雇用による賃金格差」などといった意見が出てきます。また現在，グローバル化により国際競争が激しくなってきていることを補足し，このような問題点を解消するため一つの解決策として，欧米の雇用形態であるジョブ型雇用を導入する企業が増えてきたことを説明します。

Chapter4 見方・考え方を鍛える！学びを深める「経済」授業ネタ

 発問：ジョブ型雇用とはどのような雇用形態だろう？

　ジョブ型の雇用の特徴は，次のようなものがあります。
①職務記述書（仕事内容を細かく記載した書類）で業務内容が決まる。
②基本的に会社内での異動や転勤がない。
③給与は業務内容によって決まる（原則的には成果主義）。
　補足として，従来の一つの企業に就職する終身雇用ではなくなる可能性が高くなることを説明します。

 発問：ジョブ型雇用のメリット，デメリットは何だろう？

〈ジョブ型雇用のメリット〉
　・企業側は専門分野に強い人材を採用できる。
　・雇われる側は自分の得意分野の仕事に集中しやすくなる。
〈ジョブ型雇用のデメリット〉
　・企業側は優秀な人材がより良い条件の会社に転職されやすい。
　・雇われる側は仕事がなくなったときに長く同じ企業にはいられない。
　・雇われる側はスキルがないと仕事を見つけるのが難しくなる。

 活動：ジョブ型雇用は日本人を幸せにするのか，議論しよう！

　最後にスキルの有無によって給与が変わること，雇用の流動化が進むことで人々が幸せになるのかを議論させます。

【参考文献】
・濱口桂一郎（2021）『ジョブ型雇用社会とは何か─正社員体制の矛盾と転機』岩波書店

（西川　貢平）

⑩経済　企業の社会的責任

江戸商人の家訓と CSR（企業の社会的責任）

ネタ→授業化のヒント
経済が飛躍的に成長した江戸時代は，今も有名企業の社訓として残る江戸商人の家訓が生まれました。現代のCSRにつながる内容から学びます。

授業のねらい

　江戸時代の商人は「家訓」と呼ばれる家族や従業員に向けた経営理念や行動指針を定めることが一般的でした。長い歴史をもつ日本企業の多くは江戸時代からの商業道徳が企業の行動理念に埋め込まれ，企業文化を形成していることが多いです。企業の社会的責任とのつながりを学習します。

ネタ解説＆授業化のヒント

　企業の社会的責任の学習内容はどうしても地域貢献としての側面が強調され，子どもに理解させる流れが多いと考えています。もっと多岐に渡っている企業の社会的責任の内容を理解させる学習を導入として行います。

 活動：企業はどのような役割と責任を社会に負っているか確認しよう！

　「安心な財やサービスを提供します。」「公正な経済活動を行う必要があります。」「従業員の生活の安定に責任をもちます。」「社会貢献をしています。」

 活動：CSRに影響する有名企業の社訓がいつから生まれたか調べよう！

世界に進出している商社として有名な伊藤忠商事の企業理念は「三方よし」です。「三方よし」と聞けば近江商人を思い浮かべると思います。近江商人は，江戸時代に，江戸・大坂・京都をはじめ各地に店舗を構え，商業界に大きな勢力を有した商人を総称したものです。彼らの心に刻まれた考え方が「三方よし」です。自らの利益のみを追求するだけでなく，地域社会全体の幸せを願う考え方です。伊藤忠商事の創業者である伊藤忠兵衛は滋賀県近江の出身です。幼いころから育まれた「三方よし」につながる考えは，商売をする際に大きく成功につながったことでしょう。他にも，高島屋や三越などの江戸時代に創業した企業の社訓を調べると，江戸商人が自らの利益のみを追求していた訳ではないことがわかります。

　発問：会社を経営するとして，どのような CSR を行ってみたいですか？

　できれば学習指導要領でも示されているように模擬起業的な形で構いませんので，経済単元を「起業」をテーマに構成してもらいたいです。上記の発問は模擬起業体験を念頭において問うことで効果を発揮すると考えています。
　「絶対に事故を起こさない衝撃を吸収する自動車を生み出したい。」
　「会社の正確な売り上げの情報を隠さずに伝えたいです。」
　「サハラ砂漠の砂漠化の進行を止めるために企業として植林したいです。」
　『CSR（企業の社会的責任）の形は多種多様です。自分たちの利益のみを追求せず，社会全体の win-win を考えているから成功していると言えます。』

【参考文献】
・弦間明，小林俊治（2006）『江戸に学ぶ企業倫理－日本における CSR の源流』生産性出版
・伊藤忠商事株式会社「企業理念」（2024年2月6日閲覧）
　https://www.itochu.co.jp/ja/about/mission/index.html

（小谷 勇人）

⑪経済　地方自治

うちの町のコミュニティバス，どうする？

ネタ→授業化のヒント

多くの自治体で導入されているコミュニティバス。中学生が利用している地域も多いでしょう。コミュニティバスは「なぜ？」がいっぱい。身近なものに興味をもたせられるか。社会科教師の腕の見せどころです。

授業のねらい

　コミュニティバスの政策に対する意見を考えることを，地方自治の単元のパフォーマンス課題とします。多くの自治体で運営されているコミュニティバスは，住民へのサービス充実として行われています。一方で，財政が厳しい中で税金を投入して行われています。地方自治の基本が盛りだくさんです。「政策への意見を考えるために，学習しよう」と目的意識をもって進めることができます。

ネタ解説＆授業化のヒント

　コミュニティバス政策は，各自治体で状況が異なります。しかし，概ね次のような状況にあると考えられます。

①在来の交通機関のカバーできない地域での移動手段。

②交通弱者（高齢者，子ども）のために運営されている。

③住宅地と中心地の間で運行されている。

④自治体予算が投入され，費用が安価に抑えられている。

Chapter4 見方・考え方を鍛える！学びを深める「経済」授業ネタ

多くの自治体では，次のような流れで単元を進められるでしょう。

①〇〇市のやっているサービスを考える
②〇〇市の財政について考える　→　税収が足りず赤字である
③公共サービスの一つであるコミュニティバスに注目する
　　　　　　　　　→赤字であるにも関わらず必要なのか
④様々な立場からコミュニティバスを検証する
⑤コミュニティバス政策の決定プロセスを理解する
　　　　　　　　　→首長と議会の関係について学ぶ
　　　　　　　　　→住民参加の視点を学ぶ
⑥コミュニティバス政策に対する意見を考える

　地方自治の単元では町の具体的な課題や政策に絞ることで，それを改善するには住民として何を知るべきか，何をすべきか，という風に構成できます。最終的に自治体の担当者に意見を聞いてもらうこともしやすく，社会で使える学びにできます。

　特に，ポイントは④です。中学生からの意見だけで自治体は動きません。多角的に考えることで，自治体運営の難しさが理解できます。コミュニティバスのルートも複数あることでしょう。住んでいる地域（郊外と中心部），世代（中学生，大人，子育て世帯，高齢者）を分け，それぞれの立場から政策への意見を考えさせ，クラスで議論させましょう。例えば，「郊外の〇〇タウンに住む高齢者のＡさん（車なし）」など，グループの人数分の「役割カード」を作ると盛り上がります。政策について具体的に考えることで，財政赤字だからといってサービスをカットすると住民の不満が溜まること，住民サービスは多数の満足のために実施されるので，現在の日本では高齢者の意見は無視できないことなどを学ぶことができます。

（西田　義彦）

⑫経済　財政

人生サバイバル！
―社会保障と民間保険―

ネタ→授業化のヒント
子どもが自分事として捉えづらい社会保障制度の意義や役割などについて，シミュレーションを通してより深く理解することができます。

授業のねらい

　日本国憲法第25条の精神を達成するために，社会保障制度は必要不可欠なものであり，現代社会を生き抜くためには社会保障制度による公助と民間保険による自助が大切であることを理解させます。

ネタ解説＆授業化のヒント

　①子ども時代（18歳まで），②社会人前半（20代・30代），③社会人後半（40代・50代），④老年期（60代以降）に分けて，貯金をできるだけ多くすることを目標としてゲームを行います。

ゲームの流れ
(1)民間保険を選ぶ（自転車・自動車・災害・医療・傷害・失業）。
(2)乱数で1～100のうち一定以上の数が出たら【出来事カード】を引く。
(3)収入と，支出（固定費＋社会保障費＋介護保険料＋出来事カード＋民間保険料）
　を計算する。

　(1)～(3)を，子ども時代から10年1ターンとして，老年期まで6ターン繰り返します。【出来事カード】を引く一定以上の数は，初期の値を「91～100」

として，ライフステージが1つ上がるにつれ範囲を10広げます。

自転車事故	相手をケガさせてしまった。10万円の支出。 自転車保険に入っていれば，支出ゼロ。
自動車事故	事故を起こしてしまった。15万円の支出。 自動車保険に入っていれば，支出ゼロ。
怪我	怪我をしてしまった。1万円の支出。 社会保障に加入しているため，0.3万円の支出。 傷害保険に加入していれば，3万円の給付。
病気	病気にかかってしまった。5万円の支出。 社会保障に加入しているため，1.5万円の支出。 医療保険に加入していれば，5万円の給付。
通院	風邪をひいてしまった。1万円の支出。 社会保障に加入しているため，0.3万円の支出。
失業	会社が倒産してしまった。収入がゼロになる。 社会保障に加入しているため，月収×0.8の収入。
災害	被災してしまった。20万円の支出。 社会保障に加入しているため，支出ゼロ。 災害保険に加入していれば，10万円の給付。
介護	保護者の介護をする。5万円の支出。 社会保障に加入しているため，1万円の支出。

【出来事カード】一覧

自転車保険	保険料…1万円 自転車の事故を起こした時に助けてくれる。
自動車保険	保険料…3万円 自動車の事故を起こした時に助けてくれる。
医療保険	保険料…3万円 ライフステージが1上がるごとに1万円値上げする 病気になった時に助けてくれる。
傷害保険	保険料…2万円 ライフステージが1上がるごとに1万円値上げする。 怪我をしたときに助けてくれる。
災害保険	保険料…6万円 火災，地震，台風などの災害があった時，助けてくれる。
社会保険	保険料…収入に応じて変化する。 　　　15万→2万　25万→4万　35万→6万 国民の全員が加入している。色々なリスクに対してサポートをしてくれる。

保険（民間・社会）一覧

　子ども時代は，収入2万円，固定費0.5万円で，出来事カードは〈自転車事故〉のみで，〈自転車保険〉を選択できます。社会人前半から，収入は15万円，25万円，35万円のいずれかになり，固定費は10万円で，出来事カードと保険がすべて解放されます。そして老年期には，収入は15万円→10万円，25万円→15万円，35万円→20万円になり，固定費は5万円になります。

　このシミュレーションにより，万が一に備えて民間保険に加入すること，つまり自助の大切さについて学ぶことができます。さらに，所得を分けてシミュレーションを行うことにより，国民全員がその生活を保障されるためには社会保障制度が必要不可欠であるということ，つまり公助の大切さについて理解することができます。

【参考文献】
・田中耕太郎（2016）『社会保険のしくみと改革課題』放送大学教育振興会

（野口　遼真）

⑬経済　財政

大阪・関西万博の費用は，だれが負担する？

ネタ→授業化のヒント
国家をあげて国際イベントを行う際は，費用負担が必ず話題になります。大阪・関西万博を事例にして，財政に与える影響について学びます。

授業のねらい

現代社会の導入として紹介した「大阪・関西万博から見える日本の未来社会」(p.20)とリンクさせて行いたい実践です。大阪・関西万博の国費負担は1647億円（2023年12月19日，万博担当大臣談）と当初の予定より大幅に増加しました。このような流れの是非も含めて財政に与える影響を追究します。

ネタ解説＆授業化のヒント

第2章の現代社会単元の導入で行った大阪・関西万博の学習を最初に振り返ります。大がかりな国際イベントになることを思い出し，どれだけの費用が最終的にかかってきそうか予想します。そして，だれが負担するかという問いは「経済界」という答えは簡単には出てこないので補足します。

　活動：大阪・関西万博の費用はだれがどれだけ負担する流れか調べよう！

「政府（国）は1647億円。」「大阪府・市は1378億円。」「調べたら経団連と関西経済連合会も負担するようですので，企業もお金を出すようです。」

Chapter4　見方・考え方を鍛える！学びを深める「経済」授業ネタ

発問： 当初の予定より大きく増加した費用負担額をどう思うだろう？

　国と大阪府・市，経済界で３分の１ずつ負担する会場建設費は2017年当初は1270億円と試算されていました。これが2020年には最大1850億円，2023年は最大2350億円と，当初の1.9倍となる1100億円も費用が増加しています。この額も会場建設費だけですので，この他に会場へのアクセスを向上させる事業など，万博に直接関係するインフラ整備費は国費負担を含めて計8390億円に上るようです。機運を高めるイベント費用や次世代技術の開発費用など，今後もたくさんのお金が動くことになります。そして，一番大切なのは**「２兆7457億円」とする経済波及効果は本当かどうかを考えさせること**です。必要となるお金の費用対効果を考えさせます。少なくとも国と大阪府・市がお金を出すということで，３分の２は「税金」から支払われることについては強く意識させたいです。政治的側面もある国際イベントを**経済的で冷静な視点**で見つめる必要があります。

活動： 今後，国際イベントが持続可能となるための意見を提案しよう！

　「後から原材料費が高騰した，人件費が上がったなどの理由を言われても国民の不信感を招いてしまうだけだと思います。」
　「大きな建造物はその後の使い道をはっきりさせた方が持続可能になります。ざっくりコンサートやイベントなどで使えますと言うだけではなく，売却先を先に見つけてから建設することも視野に入れる必要があります。」
　『大阪・関西万博のコンセプトは期待したいです。日本人も含めた世界中の人々に喜んでもらうために持続可能な費用負担をめざす必要があります。』

【参考文献】
・一般財団法人アジア太平洋研究所「拡張万博の経済波及効果」（2024年２月８日閲覧）
　https://www.apir.or.jp/research/11967/

（小谷　勇人）

⑭経済　財政

借金1000兆円以上!?
日本は財政出動,金融緩和は続けるべき?

ネタ→授業化のヒント

2013年に掲げられたアベノミクスの大胆な金融緩和と積極的な財政出動。金融と財政の授業を、この政策について考えることで、実社会で生かせる学びにすることができます。

授業のねらい

　大胆な金融緩和と財政出動について単元を通して考えることで,金融や財政の役割について学びながらも,実社会とつながりのある,実際に社会問題に意見をする学習にすることができます。

ネタ解説&授業化のヒント

> **単元をつらぬく課題**：アベノミクスから約10年。この政策は成功だった？失敗だった？また今後もこの方針を続けていくべき？

　最初に最終課題を提示し,各授業でこの政策について考え,最後に意見文を書いてもらうことを説明します。

　第1時は,日本銀行の役割を学習します。日本銀行の役割や金融政策を説明します。金融政策に関して,物価上昇率2％を目標にしており,なぜこの数値に設定しているかというと,最もインフレの悪影響が少なく,失業率が最も低くなること,アベノミクス下では,その前の政権と比較して,失業率が下がっていることを確認します。

2時間目は，円高・円安と金融政策との関連について説明します。貨幣量を増やせば円安に，減らせば円高になること，円高・円安のそれぞれのメリットデメリットを確認します。またアベノミクスの金融緩和により，円安に誘導されたこと，円安により株価には好影響となったことを確認します。

　3時間目は，税金の役割について確認します。税の役割について学習した後，日本の税収は足りておらず，国債を発行していること，現状国債残高が1000兆円以上あることを確認します。しかし増税をしてしまうと，景気悪化のリスクがあり，実際に消費増税の際は，消費が落ち込んだことを確認します。「日本は財政健全化のために増税すべきか。」を話し合わせます。またこの際，日本銀行を統合したバランスシートでは，資産と負債はイーブンである考え方も紹介します。

　4時間目は，「大阪万博の木のリングに350億円!?」といったような，税金の無駄遣いのように見える事例を挙げながら，政府の財政政策と景気の関連について学習します。

　5時間目は，社会保障について学習し，少子高齢化の影響で，今後さらに費用がかかること，これに備えて消費増税がなされたことを確認します。財政悪化の可能性が高い中で，今後も積極的に財政出動してもいいのか，全体で討論します。

　6時間目は，アベノミクスの情報をインターネット等で集めながら，現在の状況考え，今後も大胆な金融緩和，積極的な財政出動を続けるべきか，考えてもらいます。そして最終的に，単元末の課題に取り組んでもらいます。

【参考文献】
・髙橋洋一（2021）『99％の日本人がわかっていない新・国債の真実』あさ出版
・髙橋洋一（2014）『経済政策のご意見番がこっそり教えるアベノミクスの逆襲』PHP研究所
・髙橋洋一（2016）『金融緩和でどうなる日本経済!? マイナス金利の真相』KADOKAWA

（玉木　健悟）

⑮経済

「ナッジ」で校内の課題を解決しよう！

ネタ→授業化のヒント
「ナッジ」の考え方を取り入れることで，強制ではなく，様々な工夫によって，より良い社会の実現につながることを学習します。

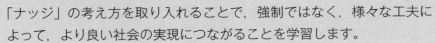

授業のねらい

「ナッジ」の考え方が，自分たちの行動に影響を与えていることを学習します。そして，その考えを応用し，校内の課題を解決する方法を考え，身近な社会を動かす方法と経験を学びます。

ネタ解説＆授業化のヒント

『みなさんは，知らない間に，だれかにコントロールされているかもしれません。』というセリフから，授業をスタートします。
　玄関やレジ前の列を作る場所などでよく見る，足型を提示します。

 発問：これは，何のためにあるのだろう？

「そこに靴をそろえてもらうため。」「その場所に並んでもらうため。」
　コンビニやファミレスなどの具体例を示しながら，商品の陳列や，価格の提示方法にも，消費者を動かすためのしかけがあることを紹介します。
　『このように，強制するのではなく，相手に気づかれないうちに，相手の選択を誘導することを「ナッジ」と言います。』

課題1：ごみをごみ箱に捨てるための「ナッジ」を考えよう！

「ごみが入ると音が出るごみ箱にする。」「バスケットボールのゴールのようなデザインのごみ箱にする。」など。

課題2：校内の課題を解決する「ナッジ」を提案しよう！

次の手順で，活動を進めていきます。

　①解決すべき，校内の課題を1つ決める。
　②校内の課題を解決するための「ナッジ」を考える。
　　（ナッジのタイトル，方法，期間など）
　③「ナッジ」の効果を予想する。
　④グループごとに，「ナッジ」を提案する。
　⑤クラスで投票し，グランプリを決める。
　⑥クラスで決まった「ナッジ」をより良くするための案を出し合う。
　⑦各クラスの「ナッジ」を，生徒会長に提案する。
　⑧1つの「ナッジ」を一定期間実施し，効果を検証する。
　⑨実施した「ナッジ」の効果が認められれば，本格的に校内で実施する。

「ナッジ」という，行動経済学の考え方を用いることで，強制ではなく，相手の選択を誘導できることを学習します。そして，このような考え方を応用することで，より良い社会の実現につながることに気づかせます。この学習は，経済の単元，現代社会の単元，国際社会の単元で実施可能です。

【参考文献】
・キャス・サンスティーン（2020）『ナッジで，人を動かす』NTT出版

（梶谷　真弘）

④ 「活用ネタ」のポイント

　「活用ネタ」は、学んだことを別の場面に応用したり、成果物にまとめたり、判断や意思決定したり、発信や行動に移したりすることを目的とした授業ネタです。

1．総合化

　単元で学んだことを用いて、単元の総まとめとなるように課題を設定します。例えば、帝国書院の教科書の定番ネタとなっている「パン屋を起業しよう」のように、「パン屋の企画書を提案しよう！」と課題を設定することで、各時間で学習した内容をもとに、単元の最後にパン屋の企画書を提案することで、学習した内容を総合して活用する課題となります。

2．オーセンティック：実際の社会の課題につなげる

　単元で学んだことを活用し、実際に社会で起こる課題の解決策を考えます。例えば、「日本の三権の中から課題を1つ選び、その課題の解決策を提案しよう！」という課題を設定することで、司法・立法・行政のしくみの理解にとどまらず、実際の社会の課題を指摘し、その解決策を考える学習となり、実際の社会につながる学習となります。

（梶谷　真弘）

Chapter 5

見方・考え方を鍛える！学びを深める「国際」授業ネタ

①国際　紛争のない世界へ

戦争の原因を分類しよう！

ネタ→授業化のヒント
国際社会の単元の大きなテーマは,「地域紛争」です。大切なのは,一つひとつの紛争の原因は何かという「見方・考え方」を鍛えることです。この視点が備われば,現在の国際社会をより深く理解することができます。

授業のねらい

過去の事例から戦争の原因を一般化し,背景を多面的・多角的に考察させます。

ネタ解説&授業化のヒント

『今回学習する国際社会の単元では,多くの地域紛争を学習します。大切なのは,紛争の名前や年代だけを覚えることではなく,紛争が起きた原因やその背景を正しく理解することです。そもそも,戦争の原因とは何でしょうか。これまでに学習した戦争から考えましょう。』

サラエボ事件	ユダヤ民族の虐殺	島原・天草一揆	湾岸戦争
加賀の一向一揆	太平洋戦争	朝鮮出兵	元寇
戊辰戦争	ベトナム戦争		

【学習班で実施】ロイロノートを活用し,上に挙げた戦争・事件の原因をカードに簡単にまとめさせます（資料1参照）。その際,歴史の教科書やタ

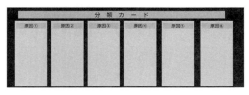

資料1　　　　　　　　　　　　　資料2

ブレットを参考にしてもよいことにします。10個のカードが完成したら，「分類カード」（資料2）を送付します。これを活用しながら資料1のカードをその内容に応じて振り分けます。そして，最後に分類カード「原因」の項目を書き換えさせます。下の資料は，子どもたちが作成したものです。

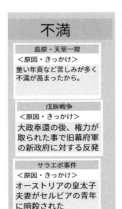
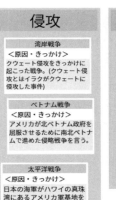
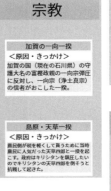
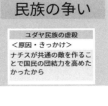

　この活動を通して，戦争の原因を一般化しながら，その背景を多面的・多角的に考察することができます。例えば，島原・天草一揆は，農民の不満が爆発したものであり，キリスト教の弾圧に抵抗するものでもあります。太平洋戦争は，敵地を侵攻するものであり，石油資源を確保するための戦いでもありました。では，ウクライナやパレスチナでの紛争の原因は何でしょうか。今回身につけた「見方・考え方」を使って考えさせましょう。

（前田　一恭）

②国際 紛争のない世界へ

国際連合の機関，どれがいちばん大切だろう？

ネタ→授業化のヒント
理解させたい知識を"使わせる"授業です。教師がただ説明するだけでは，子どもたちの学びは活性化しにくいもの。「説得力のある意見を作ろう」と課題を課すことで，自ら知ろうとする意欲を刺激します。

授業のねらい

　国際紛争の解決，あらゆる人権の保障，地球規模の環境問題・気候変動に対する取り組みなど，現代の国際社会において国際連合の果たすべき役割は大きく，その活動は多岐にわたります。国連の各機関の取り組みについて調べ，国連にこれから求められる役割について自分の意見をもち，それを表現することが本授業のめあてです。

ネタ解説&授業化のヒント
　はじめに，国連本部の玄関前にあるモニュメント『発射不能の銃』の写真を提示します。銃身が曲げられ，発射できないように結ばれた形になっている有名な作品ですが，結ばれている部分を?で隠して示し，『この部分は，どうなっているでしょう？』と問いかけます。子どもたちは，「いろんな国の国旗が出ている。」「お花が咲いている。」などと，口々に発言するでしょう。注目を集めた後で答えを見せると，子どもたちは「あ〜。」「なるほど。」と，納得した表情を見せます。そこで『なぜこんな銅像があるんだろうね？』とたずねると，「戦争をなくすため。」「武器を使わないことをアピールする。」という風に，国際連合の存在意義に迫る意見が出てきます。この

ように導入した後，次の活動に入っていきます。

活動： 国際連合と国際連盟のちがいを調べよう！

　子どもたちもインターネットや資料集などで答えをすぐに見つけられますので，両組織の比較を通して，本部の所在都市，加盟国数，議決方法などを確認します。この活動は，国連の「集団安全保障」の考え方を理解させるうえでも有効です。基本的には歴史的分野の既習内容ですので，重複を避けたい場合は，「国連クイズ」（加盟国数は？最新の加盟国は？未加盟国は？加盟国数の多い地域は？等）のような活動に置き換えてもよいです。主要機関と専門機関から成る国際連合のしくみを概説し，本時の中心となる発問をします。

発問： 国連の６つの主要機関のうち，最も重要なのはどれだろう？

　ここでは，この発問をもととした展開例を２つ示しておきます。展開例①は，**トゥールミンモデルを活用した意見文作文**です。「最も重要な機関は○○だ」と結論を決めさせ，その**根拠となる事実**を調べて挙げさせます。全加盟国が一国一票で意思を表明することの意義に着目して「総会」を推す子どもや，係争中の地域紛争の件数，PKOの活動実績などを根拠に「安全保障理事会」の重要性を主張する子どもが出てくると思います。トゥールミンモデルの活用が難しい場合は，**クラゲチャート**で複数の理由を挙げさせるのもよいでしょう。展開例②は，**国連主要機関ダイヤモンドランキング**です。各機関の活動について調べさせ，重要だと思う順に並び替えさせます。子どもたちが調べる内容は展開例①とほぼ同じですので，活動のねらいは同様ですが，こちらの場合は小グループでの**協働学習に適しています**。子ども同士の意見交流で学びを深めたい場合には，こちらが有効でしょう。

（宮本　一輝）

③国際 紛争のない世界へ

学びを深める！修学旅行で平和学習
―広島を例に―

ネタ→授業化のヒント
「過去」の戦争の犠牲となった「現在」の自分たちと変わらない人々の生活に注目し，「未来」の平和な世界のために何ができるか考えます。

授業のねらい

　修学旅行で平和学習を行うときには，事前学習で資料の特色を知ってから資料館に行くことで学びが深まります。また事後学習では，学んだことの発表の場を用意します。だれに向けてどんなことを発表するのかのイメージをもたせて平和学習に取り組みましょう。

ネタ解説＆授業化のヒント

　修学旅行のように，平和学習で現地取材や資料館見学を行う際，事前学習，事後学習の計画が学びを深めるうえで最も重要です。事前学習では，どんなことを学びたいか意見を出し合い，学びたい内容が近い人とグループを作るとよいでしょう。このグループで事後学習の発表も行います。また，現地の資料館の特色を教師自身が知っておき，事前学習ではどんな視点で資料を見たらよいのか伝えておくことが大切です。例えば，広島平和記念資料館は，2019年のリニューアルオープンで，展示内容を大きく変化させました。そのポイントは「実物資料」へのこだわりです。この先，戦争経験者がいなくなるときが来ても正しい情報を残すためです。また，被爆者一人ひとりにスポットが当たっている展示の仕方になっています。そこで，資料館の「実物資料」に注目し，現在の私たちと変わらない人々の日常を奪った原爆のおそろ

しさを考えます。その一つの例として，広島平和記念資料館にもある「黒焦げのお弁当箱」を提示します。

発問：だれのお弁当箱だろう？
　　　　どこに持って行ったのだろう？
　　　　どんな中身だったのだろう？

「大人の女の人で仕事場に持っていったのかな。」「小学生の男の子が学校に持っていったのかもよ。」「日の丸弁当みたいな中身かな。」
　子どもたちは，写真から自由に想像し，様々な人物像を考え，その人々の生活を考えます。それぞれが想像した人物の生活を具体的に考えることで，当時の人々の生活を自分の生活と比較しながら考えることができます。実際は当時13歳の中学生だった折免滋くんのお弁当箱でした。
　修学旅行で資料館に行ったとき，心に残った「実物資料」を写真に撮っておき，学校へ戻った後，お弁当箱の例のように，一人一問問題を作成します。そうすることで，資料館での学びを深めることができます。事後学習では，他学年や保護者に向けて，学んできたことの報告会を行います。原爆の大きさを伝えるために実物の大きさを模造紙で表す班や，絵や表で表す班など，様々な取り組みが行われます。各班のブースを回ってもらう形で報告会を行い，そこで「平和とは何か」「何が自分たちにできるのか」を考え，話す場を作ることで，報告者も聴衆も「平和」について深く考える学習になります。

【参考文献】
・志賀賢治（2020）『広島平和記念資料館は問いかける』岩波書店

（福井　幸代）

④国際 紛争のない世界へ
日本は核兵器禁止条約に批准すべき？
日本は核共有を進めるべき？

ネタ→授業化のヒント
2021年に発効された核兵器禁止条約に日本は現状批准していないが今後どうすべきかと問うことで，現状の核問題について考えます。

授業のねらい

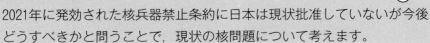

戦争時に世界で唯一核が使用された日本，積極的に核なき世界を訴えてもよいはずが，核兵器禁止条約には批准していません。この矛盾からなぜ批准しないのか，世界の核の状況はどうなっているのか学び，討論につなげます。

ネタ解説＆授業化のヒント

広島，長崎に落とされた原子爆弾の映像を流し，被害の復習を行います。また朝日新聞デジタルの「世界の核兵器，これだけある」などを見せながら，冷戦終了後に，減少はしているものの，まだ約1万発もの核が存在すること，2021年には，核兵器を禁止する条約の批准国が50か国を超え，発効されたこと，しかし核で大きな被害があったはずの日本は批准していないこと，を説明します。

 発問：どうして日本は，核兵器禁止条約を批准しないのだろう？

子どもたちに予想させながら，将来的な核なき世界はめざすものの，現状は核保有国が参加していないこと，核兵器が戦争の抑止力になっていること等の政府の見解を紹介します。また現在「核シェアリング」の議論をすべき，

112

という意見があることも紹介します。

発問：どうして「核シェアリング」の議論が出てきたのだろう？

　子どもたちに予想をさせながら，ロシアのウクライナ侵攻がきっかけとなり，「核シェアリング」をタブー視せず，議論していくべきではないか，という安倍元首相の発言を取り上げます。

　またこのときに，元内閣官房参与髙橋洋一氏が紹介している戦争リスクを減少させる条件，①きちんとした同盟関係を結ぶこと，②軍事力が均衡していること，③民主主義国同士であること，を紹介しながら，日本の周辺には，核を保有した非民主主義国家が複数あること，この国際情勢の中，戦争を抑止するために，「核共有」の議論が進められていることを確認します。一方で，核兵器禁止条約批准を求める被爆者たちの声も紹介します。

課題：日本は核兵器禁止条約を批准すべき？核共有は進めるべき？

　縦軸と横軸にそれぞれ設定し，マトリクス表にして，自分の立場を決めて意見文を書いてもらいます。考えた意見をもとに，全体討論や紙上討論をしていきます。

【参考文献】
・髙橋洋一（2022）『世界の「今」を読み解く！【図解】新・地政学入門』あさ出版
・朝日新聞デジタル（2016）「世界の核兵器，これだけある」（2024年1月4日閲覧）
　https://www.asahi.com/special/nuclear_peace/change/
・NHK政治マガジン（2022）「核兵器禁止条約になぜ日本不参加？危機感強める被爆者たち」
　（2024年1月4日閲覧）
　https://www.nhk.or.jp/politics/articles/feature/84384.html

（玉木　健悟）

⑤国際　貧困解消と環境保全

幸せ探偵団
―ブータンの謎を追え！―

ネタ→授業化のヒント
経済や情報通信技術の発展により，「幸せの国」ではなくなってしまったブータンの事例から，個人の尊重について考えます。

授業のねらい

〈幸せ〉とは，時代や社会，そして一人ひとりが置かれている状況によって異なります。ブータンの事例をもとに，子どもたちのもつ幸せの定義を揺さぶり，幸せとは何かを考え，幸せの多様性について理解します。

ネタ解説＆授業化のヒント

ブータンはかつて〈幸せの国〉と呼ばれており，97％の国民が今の生活を幸せだと感じていました。しかし情報インフラの整備により様々な情報が国内外から供給され，国際貿易での様々なモノやサービスの流入により現在の生活への満足感が薄れたり，格差の拡大も見られたりとその様子は一変しました。

Q&A　クイズ①：世界幸福度ランキングで10番以内になったことがある国は？
〈選択肢〉1．サウジアラビア　2．アメリカ　3．ブータン
答え．3
それぞれ，サウジアラビアが30位（2023年），アメリカが15位（2023年），ブータンが8位（2006年）になります。

日本の最高順位43位（2013年）をヒントに，3国の中のどこか考えます。経済発展をしていそうな国＝幸せだという幸福観を揺さぶり，学習に引きつけます。

> **Q&A**
> **クイズ②**：ブータンが8位だったのは2006年のことです。2019年，ブータンの幸福度ランキングは何位だと思いますか？
> 　　答え，95位

　ブータンの幸福度ランキング最高順位が8位だったと確認したのち，2019年におけるブータンの幸福度ランキングが，8位からどうなったのかを予想します。ブータンの幸福度が下がったことを確認した後，なぜ幸福度が急降下したのかを経済・貿易・インフラなどの観点から資料をもとに考えます。
　ブータンでは暮らしが便利になり，近代化が進んでいくにつれて現在の生活に満足することができなくなったことで幸福度が下がりました。幸福とは絶対的なものではなく，社会の在り方の中で決められるのではないかということをこのブータンの事例から気づくことができます。また，『日本人にとっての幸せも変化したのだろうか』『今の日本の不幸を探し，その解決策を提案しよう』などの発問や指示によって，子どもたち自身の幸福観を見つめるきっかけとすることができるのではないでしょうか。

【参考文献】
・大橋照枝（2010）『幸福立国ブータン―小さな国際国家の大きな挑戦』白水社
・平山修一（2019）『現代ブータンを知るための60章（第2版）』明石書店
・福永正明（2012）『ブータン人の幸福論―世界一しあわせな国』徳間書店
・GraphToChart「ブータンの統計情報TOPページ」（2024年1月23日閲覧）
　https://graphtochart.com/bhutan.php
・The World Happiness Report（2024年1月23日閲覧）
　https://worldhappiness.report/

（野口　遼真）

⑥国際　貧困解消と環境保全

地球温暖化問題はなぜ深刻なのか？

ネタ→授業化のヒント
地球温暖化による問題は，国際社会が取り組まねばならない深刻なものです。では，「どのような」問題であり，「なぜ」深刻なのでしょうか。具体的な事例を通して，温暖化対策の必要性について考えます。

授業のねらい

温暖化による具体的な問題と政府の温室効果ガスの削減目標を理解します。

ネタ解説＆授業化のヒント

『地球環境問題の中でも，最も深刻なのが「地球温暖化問題」です。具体的に，どのような問題でしょうか。』

〈班学習〉次の（　①　）～（　⑧　）に当てはまる語句を考えよう。

【農林水産業への被害】
- （　①　）の着色不良（岩手）
- （　②　）やシロサケなど冷水性の魚の不漁（宮城）
- 冷たい水を好む（　③　）の養殖では，貝が死滅する被害（宮城）
- 飼育している家畜からとれる（　④　）の量や成分の悪化（徳島）
- （　⑤　）への影響が大きく，未成熟の粒が増加（茨城）
  ⇒農家や水産業者の収入が減少してきている

Chapter5　見方・考え方を鍛える！学びを深める「国際」授業ネタ

【健康・安全面への被害】
・デング熱などの（　⑥　）を媒介する蚊の生息を確認（青森）
・（　⑦　）の増加⇒2018年7月には過去最多となる3316人を救急搬送（埼玉県）
・（　⑧　）の増加により，中小河川の氾濫も対象としたハザードマップを作りかえた（滋賀）

　答えは，①りんご　②さんま　③ホタテ貝　④牛乳　⑤稲作　⑥感染症　⑦熱中症　⑧集中豪雨　です。この問題は専門的な知識がなくても，ニュースなどで聞いたことや，自分たちが普段生活する中で感じていることをもとに解答することができます。
　上記のような温暖化による被害を軽減するために，現在政府は温室効果ガスの排出量を実質ゼロにする「脱炭素社会」をめざしています。

〈班学習〉次の（　⑨　）～（　⑪　）に当てはまる数字を考えよう。

・現在，日本人一人あたりの年間の温室効果ガス排出量は，（⑨　76・760・7600　）kg。2050年までに，これを（⑩　7・70・700　）kgにまで削減することが目標。
・当面の目標は，2030年までに，2013年度に対して（⑪　26・36・46　）％減少させること。

　答えは，⑨7600　⑩700　⑪46　です。このような目標を達成するために，私たちが日常生活の中でできる工夫はどのようなものでしょうか。図書資料やタブレットを活用した調べ学習を実施できれば，子どもの学びをより深め，教室での学びを実社会につなげることができます。

【参考文献】
・毎日新聞（2020.10.31）「クローズアップ＝自治体調査　進まぬ温暖化適応策」

（前田　一恭）

⑦国際　貧困解消と環境保全

ディベートしてみよう！
―日本は今後もガソリン車の製造を続けるべき？―

ネタ→授業化のヒント
ディベートの手法を取り入れ，立場を決めて調べ学習をします。自分たちの論を組み立て，予想される相手側の論への反論を考えることで，主題とする社会事象をより客観視して捉えることができます。本テーマのみならず，分野を問わず，多様な論題で実践が可能です。ディベートのゲーム的要素も，子どもの学びを活発にさせる一つのエッセンスです。

授業のねらい

　脱炭素社会をめざす世界の動向と国内産業の持続可能発展について，様々な情報をもとに考えさせ，根拠にもとづく論理的な主張を行う力をのばします。

ネタ解説＆授業化のヒント
　2021年に菅首相（当時）が「2035年までにガソリン車の新車販売を中止する」という方針を表明しました。ヨーロッパでは，日本よりも早い段階からEV車への全面移行の方向性が打ち出されており，脱炭素社会の実現に向けた取り組みは世界共通の課題になっていると言えます。しかしながら，これまでガソリン燃料に依存してきた社会の体質や産業構造は，そう容易に変えられるものではありません。今後もガソリン車の製造を継続するか否かは，日本の近い将来の姿を左右する，きわめて重要な論争問題です。そこで，「**日本経済と地球環境の持続可能性**」をテーマにディベートをします。
　授業のはじめに，**自動車生産台数ランキングの推移**の資料を提示します。

Chapter5 見方・考え方を鍛える！学びを深める「国際」授業ネタ

上位3か国を ? で隠し，クイズにして出題するのがよいでしょう。かつては米国・日本・ドイツが上位を占めていたものの，近年は中国が他を大きく引き離して1位になっており，中国では新車販売台数のうちEV車の割合が29%となっている一方，日本では3%台（2022年）であることを伝えます。ただ，日本のガソリンエンジン車の高い性能は国内だけでなく，世界中から支持を集めており，変わらぬニーズがあるのも事実です。議論の土台となる，こうした現状をある程度確認したうえで，ディベートのテーマを提示します。

 活動：「日本は今後もガソリン車の製造を続けるべき」に賛成か？考えよう！

　全3時間で行います。1・2時間目には，4人班を1チームにして，各チームの賛否の立場を決めて，調べ学習・主張づくりをします。このとき，「可採年数」，「温室効果ガス」，「メタンハイドレート」，「クリーンディーゼル」など，意見づくりの鍵となるキー

ワードを複数示しておきます。相手側の主張も予想しておくことが肝要であることを伝え，班全員で調べ学習をさせ，多角的に情報に触れることを促します。そして，3時間目には，各班から代表を1名ずつ出させて，代表パネラーによるディベートを行います。代表にならなかった子どもたちは，全員判定員となります。開始前，代表パネラーには，メモをとることや時間の使い方の工夫の重要性を伝え，作戦会議をさせます。その間，パネラー以外の子どもたちに判定上の注意を伝え，ジャッジペーパーを配付します。そして，上に示したような進行方法を例にディベートを行います。ディベートを終え，判定の結果発表をした後，パネラーや判定員の子どもたちにインタビューをして振り返りを話すようにさせると，教室が温かな雰囲気になります。

（宮本　一輝）

⑧国際 貧困解消と環境保全

森林を減少させている身近なモノ

ネタ→授業化のヒント
環境破壊や森林減少は，既に子どもたちも知っています。しかし，その原因となっている自分たちに身近なモノを用いることで，自分事として考えるように促します。

授業のねらい

　地理的分野で学習した各地の森林減少を地球規模で捉え直し，自分たちの生活と関連づけることで，持続可能な社会の実現に向けて自分事として考えるように促します。

ネタ解説＆授業化のヒント

 発問： どうして，森林は減少しているのだろう？

　「森林を破壊しているから。」『どうして森林を破壊しているの？』「木を切って使うから。」『確かに，木材としての利用も原因の一つです。でも，それだけではないんです。』

 発問： どうして，アマゾンの森林は減少しているのだろう？

　「家を建てるため。」「珍しい植物や動物をとるため。」『それらも原因の一

Chapter5 見方・考え方を鍛える！学びを深める「国際」授業ネタ

つです。しかし，それ以外に，みなさんの身近なモノが原因なのです。』
　アマゾンの熱帯林は，大豆と牛肉を得るために，多く伐採されています。多くの熱帯林が大豆畑になっています。また，肉牛を育てるために森林を伐採し，さらに飼料を得るために森林を伐採するため，莫大な森林が消えています。

　発問：どうして，東南アジアの森林は減少しているのだろう？

　インドネシアやマレーシアの熱帯林は，パーム油を得るために多く伐採されています。パーム油は，石鹸，油，マーガリン，スナック菓子，洗剤など，我々が利用する多くのモノに使われています。EUでは，パーム油を用いたバイオマス発電は，「再生可能エネルギー」に含まれなくなりました。

　発問：どうして，アフリカの森林は減少しているのだろう？

　チョコレートやコーヒーを得るために，多くの熱帯林が伐採されています。チョコレートやコーヒーは，児童労働や強制労働，生産者への対価なども課題ですが，環境問題としての側面もあるのです。

　発問：森林減少に関わる多くのモノに，我々も関わっています。どのようなしくみが必要で，我々にできることは何だろう？

　「国際」の単元で扱うことで，地理的分野で学習した内容を，地球規模で捉え直し，自分たちの生活とつなげて考え，改善するための方策や自分たちにできるプランなど，持続可能な社会を自分事として捉えていきます。

【参考文献】
・夫馬賢治（2020）『データでわかる2030年地球のすがた』日本経済新聞出版本部

（梶谷　真弘）

⑨国際　貧困解消と環境保全

「現代奴隷法」から人権を考える

> **ネタ→授業化のヒント**
> 「現代奴隷」という子どもの認知のギャップをついたネタを用いて，現代社会の課題について考えます。

授業のねらい

　「現代奴隷法」を切り口に，現代の強制労働や児童労働の実態，そしてその原因について考え，人権を保障するための方策を検討します。

ネタ解説＆授業化のヒント

　楽しいクイズから学習へ誘い，現代社会の課題の一つである「現代奴隷」について考えます。

> **Q&A　クイズ：**次の①～③は，今もいる？今はいない？
> 　　　　（①王様，②海賊，③奴隷）

　①王様は，います。かつてのように絶対的な権力を誇る王様は少なくなりましたが，現代でも様々な形で王室，君主として位置づく国はたくさんあります。
　②海賊は，います。現代でも，アジアやアフリカの海を中心に海賊行為が行われています。
　では，日本には，いつまで海賊がいたのでしょうか。正解は，豊臣秀吉の時代までです。村上水軍なども，「海賊停止令」によって豊臣秀吉への服従

を求められ，海賊行為はなくなっていきました。

　③奴隷は，います。もちろん，奴隷制度や奴隷として扱うことは許されることではありません。しかし，2500万人もの人々が，現代の奴隷制の犠牲になっています。では，現代ではどのような奴隷に関する制度や状況があるのでしょうか。

　イギリスでは，2015年に「現代奴隷法」が制定されました。人身売買や強制労働，児童労働などが禁止されています。

　発問：日本に「現代奴隷」はいるのだろうか？

　「現代奴隷法」をもとに考えます。まずは我々の購入する製品です。製品を製造する過程で，強制労働や児童労働はないのでしょうか。次に，外国人労働者の待遇です。今後増加が予想される外国人労働者，技術実習生の人権は，保障されているのでしょうか。

　発問：「現代奴隷」の人権を守るために，自分たちにできることは何だろう？

　「現代奴隷」が生まれる背景を考え，「現代奴隷」を生まない社会にするために，人権を守るために必要なことを考えます。安いモノを過剰に求める社会，そして我々自身が，「現代奴隷」を生んでいるのかもしれません。

【参考文献】
・夫馬賢治（2020）『データでわかる2030年地球のすがた』日本経済新聞出版本部

（梶谷　真弘）

⑩国際　貧困解消と環境保全

社会的課題の解決策を提案しよう！（SDGs）

ネタ→授業化のヒント
課題解決的な学習において，発表に含める内容項目を設定することで，浅い学習にとどまらず，課題の原因や背景に気づき，より深い視点から，そして自分事の解決策を提案できるように促します。

授業のねらい

　SDGs をテーマとした社会的課題の解決に向けたプレゼン発表を行うことで，現代社会の課題に気づき，自分事として考え，行動するきっかけを作ります。

ネタ解説＆授業化のヒント

　SDGs について，クイズなどを用いて学習した後，3年間の社会科の学習のまとめとして，次の課題を提示します。

- ・グループで，10分間のプレゼン発表を行う。
- ・現在の社会で起こる課題から，テーマを1つ選ぶ。
- ・そのテーマに関係する SDGs の17の目標を選ぶ（複数可）。
- ・現状や取り組み，解決策をパワーポイントにまとめる。

　現在の社会で起こる様々な課題の中から，取り組むテーマを一つ選びます。そして，どのような課題があるのか，どのような取り組みが行われているのか，どのように解決すればよいのか，などをパワーポイントにまとめ，プレ

ゼン発表を行います。

　プレゼン発表に含める内容項目は，次の通りです。

①なぜ，このテーマを選んだのか

　なぜこのテーマを選んだのか，テーマ設定の理由を伝えます。

②どのような課題があるのか

　世界で起こるこのテーマに関する課題を，具体的に伝えます。事実だけでなく，「なぜ課題と言えるのか」まで伝えるようにします。

③なぜ，この課題が解決しないのか

　解決しない原因や背景を伝えます。表面的な内容だけでなく，解決が難しい原因にまで踏み込んで伝えるようにします。

④現在，どのような取り組みが行われているのか

　その課題の解決に向けて，世界でどのような取り組みが行われているのかを，具体的に伝えます。

⑤この課題を，どのように解決すべきか

　原因や背景を踏まえて，この課題の解決策を，広い視点から具体的に提案します。

⑥自分たちにできることは何か

　他人事ではなく，「自分（たち）にできること」を考えることで，社会の一員としての行動を考え，発信します。

　これらの内容を満たす発表にするために，グループで協力して現在の状況を調べ，解決策を議論し，発表に向けて資料を作成していきます。発表については，クラス内での発表はもちろん，学年全体への発表，下級生への発表，そして，専門家への発表など，多様な方法が可能です。

（梶谷　真弘）

　本書では,「見方・考え方を鍛える」,「学びを深める」ことをテーマとした授業ネタを紹介しました。単なる興味を惹くだけのネタではなく,見方・考え方が鍛えられるネタ,学びが深まるネタを集めました。

　様々な変化の中で,授業のアップデートが求められています。しかし,授業に求められる本質は変わりません。①学びたくなる〈学びの入り口の保障〉,②全員が参加できる〈学びの平等性の保障〉,③力をつける〈学びの出口の保障〉を大事にしながら,目の前の子どもたちや状況に応じてアップデートしていくことが大切です。

　本書で紹介する授業ネタは,すぐ使え,力をつけるネタばかりですので,授業のアップデートに最適です。

1 授業ネタの分類とポイント

　本書の授業ネタは,あるモノを通して社会がわかる「わかるネタ」,教科書の内容に追加して理解を深める「深めるネタ」,学んだことを活用する「活用ネタ」など,多様な種類のネタを揃えました。読者の皆様が使いやすいネタから,ご活用ください。

　右頁の表は,コラムで紹介した授業ネタの分類と,それぞれのネタのポイントをまとめています。細かなポイントは他にもありますが,これらのポイントを踏まえることで,「優れネタ」に近づきます。また,本書を通して,ネタの発掘のコツやネタの用い方をつかんでいただき,より良い社会科授業づくりに生かしていただければ幸いです。

表　授業ネタの分類とポイント

	①素材ネタ	②ワークネタ
０．興味・楽しい	・学びに向かわせるための工夫（ARCSモデル）	
１．わかる	・具体化：具体的なモノや事例を用いる ・身近化：身近なモノで学習意欲を高める	
２．深める	・因果関係：「どうして？」から社会に迫る ・多面的・多角的：他学問や複数の立場から考える	
３．活用する	・総合化：単元の総まとめとなる課題を設定する ・オーセンティック：実際の社会の課題につなげる	

（筆者作成）

❷ 仲間とともに学び合い，ともに成長する

　本書は，筆者が日頃から学び合っている仲間，そして，その学びの中で出会わせていただいた方々で執筆しました。執筆メンバーの中には，筆者の大学時代からともに学び，刺激を受け合い，教育実習をともにした仲間もいます。一方で，筆者が教育実習を受け持ち，学生時代に力をつけて教職人生を歩み始めたメンバーもいます。学び続けることで，様々な出会いがあり，ともに成長させていただいています。うれしい限りです。

　大阪のメンバーの大部分は，筆者が代表を務める授業研究サークル「KIT」に所属し，ともに学び合っています。日々，より良い社会科授業とは何かを考え，授業づくりに明け暮れ，定期的に実践を検討し合っています。その中で，お互いが鍛え合い，授業力を磨き合っています。

　本書をお読みいただき，「もっと知りたい」「ともに学びたい」と感じてくださった方は，授業研究サークル「KIT」のホームページをご覧ください。ぜひ，ともに学び合いましょう。

（梶谷　真弘）

【編著者紹介】

梶谷　真弘（かじたに　まさひろ）

1986年生まれ。大阪府立豊中支援学校・大阪府茨木市立南中学校を経て，現在大阪府茨木市立西中学校教諭。社会科，特別支援教育に造詣が深い。公認心理師。授業研究サークル「KIT」代表，支援教育研究サークル「SPEC」代表。

【執筆者一覧】（掲載順）

宮本　一輝	大阪府熊取町立熊取南中学校
小谷　勇人	埼玉県春日部市立武里中学校
西川　貢平	奈良県広陵町立広陵中学校
福井　幸代	大阪府枚方市立菅原小学校
玉木　健悟	奈良県川西町・三宅町式下中学校組合立式下中学校
阿部　孝哉	大阪府吹田市立豊津中学校
前田　一恭	大阪府交野市立第四中学校
行壽　浩司	福井県美浜町立美浜中学校
野口　遼真	大阪府摂津市立摂津小学校
西田　義彦	大阪府岬町立岬中学校

中学校社会サポートBOOKS

見方・考え方を鍛える！
学びを深める中学公民授業ネタ50

2024年8月初版第1刷刊　Ⓒ編著者　梶　谷　真　弘
　　　　　　　　　　　　　発行者　藤　原　光　政
　　　　　　　　　　　　　発行所　明治図書出版株式会社
　　　　　　　　　　　　　　　　　http://www.meijitosho.co.jp
　　　　　　　　　　　　　（企画）及川　誠（校正）川上　萌
　　　　　　　　　　　　　〒114-0023　東京都北区滝野川7-46-1
　　　　　　　　　　　　　振替00160-5-151318　電話03(5907)6703
　　　　　　　　　　　　　　　　　　ご注文窓口　電話03(5907)6668

＊検印省略　　　　　　　　　組版所　藤　原　印　刷　株　式　会　社
本書の無断コピーは，著作権・出版権にふれます。ご注意ください。

Printed in Japan　　　　　　ISBN978-4-18-359926-1
もれなくクーポンがもらえる！読者アンケートはこちらから →